僕の心を軽くしてくれた
40の考え方

気にしすぎな人クラブへ

こそ

吉本ユータヌキ

はじめのごあいさつ

はじめましての方も、いつも僕の作品を読んでくださっている方も。
こんにちは、吉本ユータヌキです。

「『気にしすぎな人クラブ』へようこそ」。――こんなタイトルの本を手に取ってくださったということは、きっと、みなさんは「気にしすぎ」の自覚があるんじゃないかと思います。

ちょっとしたことで、モヤモヤしたり。
「自分なんて……」ってクヨクヨしたり。
「なんでこんなことするんだろう」ってイライラしたり。
「こんなこと気にしてるのって自分だけ？」と悶々《もんもん》としたり。

僕、まさにそうです。いろんなことが気になっちゃってしょうがない。
それが行きすぎると、なんにも手につかなくなる。

「どうして自分はこんなにめんどくさい人間なんだろう……」

前向きで、明るくて、サバサバしてて、切り替えの早い天真爛漫な人と自分を比べては、自分のダメさかげんにうんざりしていたんです。

そして、これは僕の性格……というか生まれ持った性質だから、一生変わらないんだろうなと、絶望的な気持ちにすらなっていました。

そんな僕はあるとき、「コーチ」という人を紹介してもらいました。

「コーチングを受けてみたら?」とすすめてもらったんです。

どうやら「コーチング」というのは、コーチとおしゃべりすることで、気持ちがラクになったり、気づきを得たり、進む方向がはっきりしたりする手法らしい。

言われるがままにオンラインで会ったコーチの中山さんは、悪い人ではなさそうだったけれど……。

「コーチングゥ? 話を聞くだけ? スピリチュアルじゃないの? あやしい!」

と、ものすごく疑心暗鬼な状態だった僕は、ひねくれた気持ちのままコーチングをスタートしたのでした。

そんな僕が「おや?」と思ったのは、中山さんが自分の意見を言ったり、押しつけたりしてこないなと気づいたとき。

「ユータヌキさんはどう思ったんですか?」

「それで、ユータヌキさんはどうなればいいと思いますか?」

そんなふうに、「僕の気持ち」や「僕そのもの」について、ニコニコしながらたっくさん質問してくれたんです。詰問される感じじゃなくて、雑談みたいに気軽な雰囲気で。

そうやって中山さんに導いてもらいながら、1年かけて僕は少しずつ、変わっていきました。

少しずつ、自分のことを理解できるようになりました。

少しずつ、自分の気持ちを言葉にできるようになりました。

少しずつ、自分のことを受け入れられるようになってきました。

自分の性質を変えるのではなく、クセになっている自分の考え方や視点の持ち方を少し変える。

それだけで、なんだかラクに生きられるようになったんです。

「この経験を、たくさんの人と共有したい！」

「とはいえ、僕だってまだまだ『気にしすぎ』だしな……」

「そうだ、僕みたいな『気にしすぎな人』を集めて、一緒に自分のことを知ったり、受け入れたり、もっと生きやすくなるように考え方を変えたりできたらいいかも……！」

そんなふうに考えてつくったのが、この本です。

僕は、「気にしすぎな人クラブ」の代表。

といっても、リーダーシップを発揮するタイプの代表ではありません（だって「気にしすぎな人」だから……）。メンバーみんなで焚き火を囲みながらあれこれおしゃべりする、その火をくべる役割だと思っています。

そして本クラブのアドバイザーは、コーチで公認心理師の中山さん。「ぜひ僕たちにコーチングしてください！」ってお願いして、参加してもらいました。ちなみに中山さんは、SNSで「かばのひと」と呼ばれているので、この本でもかばをかぶってもらっています。

みなさん、はじめまして。コーチの中山です！

この本では、僕や、僕の周りにいる「気にしすぎな人」から集めた「心に引っかかっちゃうこと」をずらりと並べています。

さくさく読んでも、じっくり読んでも構いません。自分のペースで「気にしすぎな人クラブ」からの卒業をめざしてもらえればと思います。

この先にある目次に「気にしすぎ」が一覧になっているので、まずは自分に当てはまる項目がどれくらいあるのかチェックしてみてください（僕はほとんど、かな……）。

ひとつの「気にしすぎ」につき、4ページぽっきり。

まず1ページ目に、「あるあるシチュエーション」の漫画を描きました。自分も経験あるかな、自分だったらどうかなあって考えながら読んでみてください。

そして次のページからは、ニコニコしながら本質をズバズバ突いてくる中山さんが、

「気にしすぎてしんどい僕」を、いろいろな事例や研究を交えつつ**「気にならない僕」「気にはなるけど、しんどくはない僕」**に導いてくれます。

僕と一緒に、「はー」とか「ほー」とか「えー？」とか「うーん」とか言いながら、**「自分ってこういうふうに考えていたんだな」**と気づいたり、**「次このモヤモヤに出会ったらこうしてみよう」**と閃《ひらめ》いたりしてくれたらうれしいです。

ここで、絶対に伝えておきたいことがひとつ。

この本には、「正解」は書かれていないということです。

「こういう視点もあるよ！」

「こんなふうに考えたらいいかも」

「これ試しにやってみたら？」

中山さんからたくさんのアドバイスはもらえるけれど、それは「答え」じゃないんです。「こうしろ」ってことじゃない。

自分との付き合い方は、結局、自分で見つけるしかないんですよね。

だから逆に、「ラクに生きるためのヒントが見つかればいいな」って、気軽な気持ちで読んでもらえればうれしいです（でも、自分の答えを探す助けにはめちゃめちゃなるんじゃないかな、と思います……言っちゃった！）。

この本のゴール設定は、とても低くていいと思っています。

「自分を180度変えて、このクラブから卒業しよう！」なんてビッグな目標はとりあえず捨ててください。この本のゴール＝クラブ卒業の条件があるとしたら……。

「モヤモヤした感情の、『正体』を知ること」

自分はどうしてそう感じちゃうの？　なぜしんどいの？

この「気持ち」への理解があいまいな人って、意外と多いみたいです。

だからまずは自分の頭の中を知って、言葉にすることが第一歩。そして、ゴールです。

こうして自分の気持ちや考え方のクセを知ったら、中山さんのアドバイスを試してみたり、自分ならではの解決方法を編み出したりと、それぞれ次のステージに進めると思うんです。

まずは知るだけ。——ちょっと、できそうじゃないですか？

ちなみに以前、ツイッターで「自分のこと『気にしい』だと思いますか？」って質問して投票してもらったところ（僕の住んでいる地域では「気にしすぎな人」のことを「気にしい」と言います）、なんと**2600票のうち93パーセント、つまり2400人以上が「ちょい気にしい」以上**でした。

そのうち、「気にしい」と断言している人は1800人以上。

自分だけじゃない、みんなモヤモヤしてるんだなってちょっと安心しつつ、少しだけラクになれる考え方を探していきましょう。

中山さん、いよいよスタートです。よろしくお願いします！

はい！「気にしすぎ」なユータヌキさんとみなさんが、少しでも日々を楽しく過ごせるようにお手伝いできるとうれしいです。

目次

PART 1

人のことが、気になります。

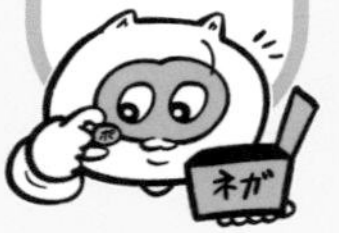

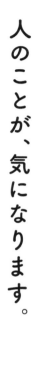

PART 2

仕事や職場で、気になります。

PART 3 自分に対して、気になります。

PART 1

人のことが、気になります。

誤解を招かないか心配で、文章を直し続けて…グルグル

TO：部長
本日はお食事に連れて行っていただきありがとうございました。またよろしくお願いいたします。
これなら失礼じゃないかな…
いや…やっぱり硬いかな
もうちょいラフな感じでもいいかも…
TO：部長
今日はおつかれです！次は焼肉連れてってくださ〜い！
これでいいか！
いやっ…
失礼かな…それにもう少し具体的に書くべき…？

メール、LINE、SNS。気が利いたことを言わなくちゃと思うけど、この表現合ってる？失礼じゃない？とぐるぐる考えてドツボ。

なんてことのない業務連絡のメールなのに、書いては消し、書いては消しを繰り返して、1時間近く経ってたこともあります。不快にさせないか、考えすぎちゃって。

わはは、それはすごい！　でも、ちょっとした言葉で印象って大きく左右されるから、心配になりますよね。

「コミュニケーション」の語源は「分かち合う」です。「どう伝わるか」に頭を悩ませるのも、分かち合って関係をよくしたいからこそ。決して悪い感情ではありません。

ただ、そうやって悩み続けるのも疲れてしまいますよね。そこで視点を変えてみましょう。

その**「不快にさせるかも」「嫌われてしまうかも」**という心配は**「現実」でしょうか？**

つまり、実際に起こっていることでしょうか？

ええっ。それは……僕が「こうじゃないかな」と思ってるだけだけど……。

とすると、相手は「不快」とも「嫌い」とも言っていないんですよね。

架空のリアクションに囚《とら》われて、ぐるぐる悩んでいる。**いわば完全な空想で、「ひと**

り相撲《ずもう》」と言えます。では、どうすればひとり相撲を「ふたり相撲」にできるでしょうか？

ふたり相撲ってことは、お互いにコミュニケーションを取るってことですよね。ええと……メッセージを送った後、本人に直接聞いてみるとか？

いいですね！

どれだけ一生懸命考えても、受け取り手の気持ちはわかりません。**「相手がどう考えているか」の正解は、相手の中にしかない**のです。

つまり、相手の本心を知りたかったら、本人に聞くしかないということですね。たとえば「さっきのメール、不快にさせていないか心配で……」と確認してみる。

いや、でも、いきなり「どうでしたか？」なんて言ったら気持ち悪くないですか？　相手が他社の人だったら失礼になるかもしれないし。

なるほど、なるほど。ユータヌキさんはそう「決めている」んですね。

たとえば補足のメールを送りたいとき、「何度も送ったらウザいかも……」と二の足を踏んでしまうかもしれません。でも、これもひとり相撲。「メールを何度も送っちゃいけない」と信じて、**行動をブロックしているのは自分自身**なんです。

実際、部下や仕事相手から「昨日のメール、不快にさせていませんか？」と聞かれても、「続けざまにすみません！」と複数のメールが届いても、イヤな気持ちは抱きませんよね？　自分にだけ厳しくしなくても、いいんですよ。

頭の中で相手の気持ち（感情）をつくり上げて消耗するより、**「自分が」伝えたいことをストレートに伝える方向にエネルギーをかけてみる**。「ありがとうございました！」「この案件について困ってます！」「不快にさせたかなと心配で」など、**ある意味で、相手のことを考えずに伝えてしまう**。

そのほうがやるべきことが明確だし、気持ちもラクになると思いますよ。

僕、「何を伝えるか」より「どう思われるか」を考えすぎなのかもなあ。

まず、そのコミュニケーションで目指すゴールを確認するといいかもですね。

たしかに。起こってもいないことをあれこれ考えるんじゃなくて、自分が伝えたいことを整理して「今できること」だけ考えたら、モヤモヤが減るかもって思いました！

SNSのフォローを外されて…クヨクヨ

最近ユウコと会ってないね元気かな？
たしかに！インスタ見てみよ
あれ？
フォローされてません
フォロー外されてる！
あら〜どうしたんだろうね SNS疲れかな
いや きっと…
わたしのこの投稿よくなかったかも…
これも…
嫌われたかな…

悪いことした？　気にさわる投稿しちゃった？
画面上の相手の気持ちがわからずヤキモキして、
悪い想像がどんどん膨らんでしまう。

漫画家になってから、積極的にSNSを活用するようにしているんです。ただ、間違いなく相互フォローだった相手からフォローを外されてると気づいてしまったときの動揺たるや……。しばらく引きずって、原因をあれこれ考えてしまいます。

何かしでかしちゃったんじゃないかって、心配ですよねえ。そんなときは、視野を広げてみると少しはラクになるかもしれませんよ！

たとえば、「SNSでフォローする」というアクション。同じ行動でも、人によって「大ファンだから」「なんとなく」「仕事のため」「嫌いだけど見ちゃう」など、いろいろな動機があると思います。

Aさんは「共感できる考え方の人」しかフォローしないけれど、Bさんは「自分と正反対の考え方の人」もフォローするとして、Aさんが「こんな人をフォローするなんて、Bさんは間違ってる！」と腹を立てていたら……どう思いますか？

うーん。自分の基準を相手に当てはめすぎ、と思うかな……。

そうですよね。でも、ユータヌキさんの悩みってこれと似ているかもしれませんよ。

あるひとつの行為に対しても、人によってさまざまな意図があります。「フォローを外す」も、人によって意味や理由が違うわけですね。

この漫画の女の子はきっと、「もう見たくない！」とか「キライ！」と思ったときにフォローを外すのでしょう。だから、相手も同じような動機でフォローを外すと思い込んでしまう。でも、それ以外の理由でフォローを外す人も大勢いるはずですよ。

「自分がそうだから」っていう思い込みかあ。身に覚えがあるかも……。

別のシチュエーションを考えてみましょう。

運転中に強引に割り込まれたら、カッとしてしまいますよね。なんて自己中心的な運転手だろうとイライラする。でも、その車が救急病院に駆《か》け込んでいったらその瞬間、怒りは消えるのではないでしょうか？　それは、相手の事情がわかったからです。

人には人の、事情やルールがある。

感情が乱されたとき、そう唱えると肩の力が抜けるかもしれません。

もうひとつ。4コマ目、女の子は「わたしに問題があるはず」と自分を責めていますが、これも考え方のクセです。自分がそのクセを持っていることに気づいたら、**意識的**

に別の可能性を考えてみることをおすすめします。「寝ぼけてボタンを触っただけかも」「勝手にフォローが外れちゃう誤作動かも」というように。

ただし、「自分に問題があるはず……」と考えてしまっても、**「だとしたらどうする？」まで考えられるならいい**と思いますよ。本人に理由を聞いたり、「またフォローしてね」と言ったりと、行動につなげられたら「モヤ抜け」できますから。

行動にうつすのはまだハードルが高いかもしれませんが、ともあれ、スタート地点は「他人は自分とは違う判断基準で行動している」と知っておくこと。とくにＳＮＳのような個人的なツールは、人によって使い方もまったく違うはずですよ。

ホントそうですね。「人には人の事情やルールがある」、お守りの言葉にします。

自分の好きなものを否定されて…プンプン

推《お》しのアイドル、趣味、好きな番組。
否定されるとしばらくムカムカしたり、
反論したくなったりしてしまう（できないけど……）。

ラーメンが好きって言うと「身体《からだ》に悪いよ～」とか「太るよ?」って言ってくる人、いるじゃないですか。あれ、すごくイヤなんですよね。なんでいちいち上からマウンティングしてくるんだろう!?って。

めずらしく怒りのモヤモヤですね! いきなり余談ですが、じつは、ユータヌキさんが「上」とか「下」を認識した時点で、マウンティングは成立してしまうんですよ。

たとえば、自分の趣味がオペラ鑑賞や世界遺産めぐりなどの、いわゆる「高尚なもの」だったとして、それをバカにされても「マウンティング」とは感じないと思いませんか? ラーメンなり、恋愛リアリティショーなり、学歴や仕事なり、どこかで自分も「下の部分」を感じているから「上から」と思ってしまうんです。

マウンティングは自分が成立させている、ということは知っておくといいかもしれませんね。

さて、本題です。自分の好きなものを否定されたとき、まず思い出してほしいのは**「怒りは悲しみの二次感情」**だということ。悲しいことが起こったとき、それをはね返す力として怒りを使うように人間の脳はできています。怒りの感情は大きなエネルギーになるのです。

この漫画のように好きな番組を否定されると、「番組そのもの」「その番組を楽しんでいる時間」「好きだという自分の気持ち」などをトータルで否定された気がして悲しいですよね。その気持ちを克服するために、怒ったりイライラしたりしてしまうわけです。

大切なのは、この「怒りの感情をどうするか」。

「ムカつく」と言ったり、相手の好きなものをバカにし返したりして「攻撃」に転化すると、不毛すぎる負の連鎖がはじまってしまいますから。

だからまずは、**「怒り」と「攻撃」を切り分ける意識を持つ**ことをおすすめします。

否定されることは悲しいし、腹が立つ。でも、その否定的な意見も相手の価値観です。

「相手の否定」を否定しても、こちらにトクはひとつもありません。

「へえ、あなたはそういうふうに思うんだ」と切り離しながら、自分の中だけで存分に怒りましょう。

怒ってもいいんですか？

もちろんです！

「大切なものを守ろうとしている自分、かっこいい！」じゃないですか。好きなものや時間を大切にしている心の動きに気づいて、自分を褒めてあげてください。それだけ好きなものがあることに対して、誇らしい気持ちになりませんか？

たしかに！　うん、イケてる感情だなって思います。ただ……僕はどうして相手がそんなふうに言ってるのかが、やっぱり気になるなあ。

相手の発言の背景を知りたいということですか？

そうみたいです。ということは、そう思う理由を聞いてみればいいのかな？　たとえば恋愛リアリティショーが好きじゃない人は「だまされたくない」って思いが強いのかもしれないし、「恋愛なんて意味がない」って思ってるのかもしれない。「どうして？」から相手のことを深く知れる気がするんです。

いいですね！　そうすると**話の居場所が「いい／悪い」や「好き／嫌い」からズレていきます**し。相手の考えを知ろうとする姿勢、すっごく素敵だと思います。

人の遅刻が許せなくて…イライラ

南出口
←改札
まだかな…
おまたせ〜！
ごめーん ちょっと 寝坊しちゃった
怒ってるよね ランチおごるから許して〜
デザートも！
別にいいよ 15分ぐらい…
CAFE MENU
許したいけどイライラ引きずっちゃう…
ホントは気持ちを切り替えたいのに

口では「大丈夫だよ」「気にしてないよ」って言うけど、ホントはイライラが止まらなくって疲れる……。なんでこんなに心が狭《せま》いんだろう？

他人の遅刻が許せないって、どういうことでしょう？

ええと、僕自身は「遅刻しない」と決めてるんです。待ち合わせのときは、２本早い電車に乗るくらい。だから遅刻する人を見ると「なんでぴったりに着く電車に乗るんだろう!?」って不思議に思うし、遅刻しないためにできることってたくさんあるだろうと思っちゃうんですよね。

なるほど！　それがユータヌキさんの「信念」なんですね。

信念……？

信念とは、「これが正しい」とかたく信じていることです。他人に対してモヤモヤするときは、**自分の信念と相手の行動がズレている**ことが少なくありません。

たとえばユータヌキさんは「絶対に相手を待たせない」という信念を持っていますが、「自分の時間をムダにしないため、絶対に時間ぴったりに着く」という信念を持っている人もいます。

とくに「自分はしていること」を相手がしていないとムッとなりやすいものですが、ここでもまずは、**みんなそれぞれ自分のルールで生きている**ということを頭に入れておくといいですね。

それは頭ではわかるんですけど……中山さんはイライラしないんですか？

「遅刻するタイプなんだな」と思うだけですねえ。もし僕がイライラするタイプなら、「イライラしてでもその人と付き合っていくか」を考えて、これからどうしたいかを自分に問いかけると思います。

いずれにしても、**信念には「違い」こそあれど、「いい／悪い」も「許す／許さない」も存在しない**ということを知っておくと、相手を責める気持ちが薄くなるはずです。対立の意味づけがなされると、自分の正義や正しさを通したくなってしまいます。それに囚《とら》われると、イライラしやすくなってしまいますから。

あとは僕、自分がその予定を楽しみにしているときほど「この人の楽しみな気持ちはその程度なんだな」ってがっかりしちゃうのもあるかもしれません。

それもひとつの信念ですよね！　「ワクワクしている人は早く着くものだ」って。

でも、それはそうじゃないですか？

そうとも限らないんじゃないでしょうか？　ワクワクした結果、ふだんは15分遅刻する

人が、10分の遅刻になったのかもしれないわけですから。

信念がイライラを引き起こさないようにするには、**「信念をたくさん持つ」**といいでしょう。信念というと自然に生まれた価値観のように思われるかもしれませんが、自分の意志で増やすこともできるんですよ。

たとえば、「楽しみな予定には早く着くものだ」という信念だけでなく、「楽しみにしていても日常のペースを大切にするものだ」「早く着きすぎて相手のプレッシャーにならないようにするものだ」と、あえていろいろな信念を持ってみる。

心が乱れそうになったとき、**いくつかの信念を場面に応じて都合よく出し入れする**と、ご機嫌に過ごせますよ。

なるほど。自分の信念をなくすんじゃなくて、いろいろな信念のパターンを考えて、取り入れるのか。それならできそうな気がします！

すぐに会話を取られちゃって…モヤモヤ

急にごめんね 相談が あってね…
わたしも わたしも
最近彼が全然 連絡して くれなくて〜…
そうなんだ…
聞いてみたら 「俺も連絡 待ってた」って ウケるでしょ
…で相談って?
最近上司と うまくいって なくて…
わかる〜 わたしも!
上司と ケンカばっか しててさ〜…
へ…へぇ〜
何その返事〜 ちゃんと 聞いてよ ハハハ

こっちから話をはじめたのに
気がつくと向こうのエピソードトークを聞いている……。
なんで話題をかっさらうの!?

何を話していても「自分の話」に持っていく人、いませんか？「そういえばわたしも」って話を奪われると、「聞いてほしかったのに」って気持ちが浮かんできて、相手の話が入ってこなくなります。もうその人と会うのもイヤになっちゃう。

「どうせ聞いてもらえないし」と思うと、ネガティブな意識を持ってしまいますよね。

そもそも、**人間は「しゃべりたい」「話を聞いてもらいたい」という強い欲求を持っているもの**です。人間同士が集まれば、その欲求がぶつかってしまうのは仕方のないことなんですね。

問題なのは、「じっと聞く」のはエネルギーが必要な行為であるにもかかわらず、多くの人が**「聞くこと」や「聞いてもらうこと」を当然やってもらえるものだと認識していること**。だから「聞いてもらえない」ときに不満がたまってしまうわけです。

「話すことの気持ちよさ」と「聞くことの大変さ」を知っているだけで、話泥棒していった相手に対して「しょうがないなあ」と思えたりしませんか？

たしかに、「割り込んでまで話したかったんだな」「聞く余裕がないんだな」って、ちょっとかわいく思えるかも。一生懸命しゃべる子どもを見るみたいな気持ちで。

理想を言えば、「聞いたら話す」「話したら聞く」といったお互いさまの精神というか、会話のマナーへの意識があるといいですよね。そうそう、さっきユータヌキさんは「相手の話が入ってこなくなる」と言っていましたよね。それだって「聞いていない」ようにも見えますよ？

わー、ホントだ！　僕も「話したい」に支配されて、上手に聞けていないんですね。

自分がきちんと聞けているかは、**「次に自分が話すことを頭の中で考えていないか」「相手と感情を共有できているか」**といった点でチェックできます。

自分を振り返ってみると、聞いているようでじつは聞いていないことは多いもの。ふんふんうなずきながら自分のターンで何を言うか考えている……という時間は、思いのほか多いはずです。

たしかに僕も、「自分だったらこうだな」とか、頭の中で考えを転がしてます。やっぱり聞けていないんだな。反省……。

そんなに自分を責めなくていいんですよ。

先ほど言ったとおり、聞き続けるのはむずかしいことです。気をつけなければ、すぐに意識はどこかへ飛んでいってしまうものですから。まずは**相手が大事な話をしているときは、こちらも「本気で聞くモード」になる**、というところからはじめればいいと思いますよ。

ちなみに、ユータヌキさんはどういうときに「ちゃんと話を聞いてもらえたな」と感じますか？

そうだなあ。あ、先に僕が話を聞ききったときかな？「どう思う？」って話を振ってもらえるし、その後はじっくり耳を傾けてもらえてるかも。

うんうん。ユータヌキさんが先に聞いてくれたから、きっと相手も満足したんですね。

そっか、「お互いさま」ってことですね。うーん、今まで「会話のキャッチボール」じゃなく、お互いただボールを投げ合ってたことも多かったなって気づきました。「人間とは話したい生き物」ということを胸に抱きつつ、まずは自分から、ですね。

外着のままベッドに座られて…モヤモヤ

おじゃましまーす！
その辺座ってて
スマホの充電器借りていい〜？
自由にどうぞ〜
テレビもつけて…——って
ベッドフカフカじゃーん
ギィィ ギィィ
えええぇっ…
どうかした？
ううん…
その辺とは言ったけど…

車でスナック菓子を食べたり、靴下を履かずに家に上がったり。
育った環境や考え方の違いによる小さな気持ち悪さ、
「イヤだな〜」って思うけど、本人には言えない！

がさつな人っていません？「細かっ！」「ちっさっ！」と思われたくなくてなかなか言えないけど、どうしても気になっちゃう。相手の気の遣《つか》えなさがイヤなのかなあ？

自分だったらやらないことを他人がするのも、その逆も、気になっちゃいますよね。でもそれって、もしかして、ユータヌキさんの「マイルール」だったりしません？

「マイルール」とはその名のとおり、人によって違うもの。「絶対的な正解」ではありません。ときには「マナーでしょ」「常識じゃん」と思うかもしれませんが、マナーも常識も、ところ変わればがらりと変わります。**育った家庭や地域、価値観によって左右されますし、普遍的なものではない**のです。9割の人にとって当たりまえのルールでも、隣にいる人が残りの「1割」の可能性もありますからね。

それでも人間は、「自分が大切にしていることは、他人も大切にすべき」「自分はこれを嫌がる／好むとわかってほしい」と思ってしまうわけですが……。

ここで知っておきたいのが、**「透明性の錯覚」**という言葉。

自分の思いや感情は相手に伝わっている（透明性）と思ってしまう心の作用です。

恋人同士の「なんでわかってくれないんだろう？」もこの錯覚によるものですし、自分のついたウソは見透かされているように感じることも、この作用の影響です。自分のことはよく見えるため勘違いしてしまいがちですが、結局のところ、**自分の思っていることを理解できるのは、自分だけ**なのです。

ふむふむ。「違うルールを持っていること」「わかり合えないこと」を受け入れるしかないんですね。

ひとりひとり、「ここまではOK」のラインも違いますからねえ。

たとえば、ベッドに外着のまま座らないけれど、脱いだ上着を置くかもしれない。車でスナック菓子は食べないけれど、ダッシュボードに足を乗せるかもしれない。**それぞれの人に基準があり、自分もたまたまどこかの基準を「よし」としているだけ**なんです。

そのことを知ったうえで、「この人と自分はどんなところが違うんだろう?」「あ、この部分は基準が違うんだな」「自分はここがボーダーラインなんだな」と観察するつもりで相手や自分に向き合うと、責める気持ちは湧きにくくなるかもしれません。

僕も気づかないうちに、だれかの「NG」ラインを越えてるかもしれないのか。……いや、

でもやっぱり、ベッドには外着で座ってほしくないなあ〜。

もちろん、ただガマンしろという話ではありません。責めるのではなく「伝える」ことを意識するといいですよ。一方的に要求するのではなく、「自分はこう思う」「だからこうしてほしい」と意思表示しちゃうんです。

伝え方のコツは、**「アイメッセージ」**。「あなたはこうすべき」という「ユーメッセージ」ではなく、「わたしはこうしてほしい」と主語を自分にして伝えると、相手はイヤな気持ちになりづらいと言われています。

ちなみに僕は、「こうしてくれるとめちゃめちゃうれしいな〜！」とポジティブに、ものすごく楽しげに言うようにしています。あとは、「相手が座る前に座布団を出して『どうぞ！』と伝える」とかもいいですね。マイルールを先に伝えるわけです。

中山さんっぽい！　「コイツちっちゃいな」と思われるのがイヤで言えなかったけど、伝え方次第なんですね。**価値観を押しつけるんじゃなくて、「自分と違うかもしれないから伝えておくね」って姿勢でいること**が大切なんだなあ。

楽しそうな輪に自分だけ入れなくて…イジイジ

いつもインスタにコメントありがと
先輩こそお返事ありがとうございます
いつもSNSでコメントし合っていいなー!…
でもなんでわたしはコメントしてもらえないんだろ…
そうだ今日飲みに行こっか
いいな… わたしも…
行きたい!って言えずに帰ってきちゃった…
なんでわたしは誘ってもらえないんだろ…

SNSでもリアルでも、友だち同士が絡んでるのを見ると、うらやましい気持ちがムクムク。自分も入りたいけど、微妙な空気になるのが怖くて何も言えない……。

友だち同士が仲よくしたりつるんでるのを見ると、自分はどうして誘ってもらえないのかな、もしかして絡みづらいのかなとぐるぐる考えちゃって……最終的に「あんまり好かれてないのかも」と落ち込んじゃいます。

そこまで思っちゃうんですね！　まず、**SNSもリアルのやり取りも「局所的なもの」**だと知っておくといいですよ。たまたまコミュニケーションを取っているところが目に入っただけで、その人たちが絡んでいない時間だってたくさんあるはずです。

では、それを理解したうえで、どう考えればいいか。

まず、SNSにしてもリアルにしても、相手が「友だち」や「知人」であるということは、コミュニケーションの門戸は開かれているはずですよね。だから、自分から声をかけてしまえばいいのに、声がかかるのをひたすら待ってしまう。

つまり、「待ち」の姿勢を取って**自分から輪に入っていくことで起こるリスクを避けている**わけです。「邪魔しちゃうんじゃないか？」「やんわり拒否されるかも」「ウザがられるんじゃないか」と想像して。

ここで、P17と同じ問いをひとつ。その「恐れ」は現実のものでしょうか？　……きっと違いますよね。

つまり、**「自分が声をかけることで相手を不快にしてしまう」という思い込みを、最優先事項にしているだけ**とも言えます。

でも、僕がその中に図々しく入っていくことで「空気読めないな」って思われるかもしれないですよね？　断れないからって渋々受け入れてもらうのも、つらいなあ。

そうですよね。じゃあ、輪に入るときに、相手にそう伝えるのはどうですか？

「突然入ってごめん」「タイミング悪かったら言ってね～」とひと言添える。あるいは、「その飲み会、わたしも参加していい？」と聞いた後、「もうお店の予約しちゃってたら、また次回声かけて！」と、相手が断りやすいように代わりの案を伝える。

自分の意見を伝えたら、相手にボールを託してしまうんです。そこからは、相手の問題。「ここから先はお任せします！」の気持ちでＯＫです。ただし、お任せしたら、もう悪い妄想はしないと決める。

そもそも、声をかけたりコメントしたりして、邪魔になった経験ってありますか？

うーん。そう言われると、「あのとき失敗した！」があるわけじゃないんですが……。

でしょう？

もしそんな経験があるなら「どうすれば楽しい空気を壊さず輪に入れるか」に配慮すればいいのですが、ハナから経験がないとしたら、飛び込むことへの怖さだけが問題なんです。だから「やってみる」しかないですよね。

たとえば、**自分がコメントをもらえるとうれしいと感じるなら、まずは自分からコメントする。「自分だったらこうリアクションされるとうれしい」と思える表現を心がける。**その繰り返しで、気持ちのいいやり取りが生まれていくはずです。

自分から絡みにいかないせいで、余計「触れづらい人」になりがちっていうのはあるかも……。まずは思いきって、自分からコメントしてみようかな。

うんうん、第一歩。いいですね！

あと、「急にごめん」とか「別の機会のほうがよければ言ってね」って伝えたら、いろいろ妄想しないで「後はしーらない！」ってボールを相手に託しちゃう。それが実践できたら、すんごく気がラクになりそうです。

○○しないなんて人生ソンしてるって言葉に…イラモヤ

もうアラサーなんだから落ち着いた服装にしたほうがいいよ
そ…そうかな…
そろそろ結婚も意識して彼氏つくらないとね
だから…
仕事に集中したいから今はいいの…
いやいや絶対恋愛したほうがいいよ
人生半分ソンしてるよ
わたしはわたしの好きにしてるんだから
いちいち言われたくないな〜

「○○したほうがいいよ」って決めつけられて、言い返すほどでもないかな……と思いつつ、家に帰ってからも気になってしばらく思い出しちゃう。

これは女性の友だちから聞いたんですが、「恋愛しなよ〜！」とか不躾《ぶしつけ》なことを言ってくる人、結構いるらしいんですよ。その言葉が引っかかって仕方ないんですって。

あ〜、それはきっと恋愛そのものよりも、価値観を押しつけられてモヤモヤしちゃうんでしょうね。……でもね、じつはこれって、自分も同じ価値観を持っていることの証でもあるんですよ。

むむ？　どういうことでしょうか？

「恋愛したほうがいいよ」と言われて、「はあ？」と反発してしまう。こういうときは、**「恋愛（パートナーがいること）＝いいもの」という公式を自分自身が持っている可能性が高い**です。そうでなければ、「恋愛したほうがいいよ」と言われたときにポカンとしつつ「えっ、なんでそう思うんですか？」と聞き返すはずですから。

だれしもが大人になるまでの間、たくさんの「社会常識」を身につけていきます。そうして同じ常識を身につけてきたからこそ、「相手はこういう意味で言っているんだろうな」と判断できてしまう。

つまり、**「恋愛＝いいもの」「パートナーがいること＝勝ち組」という価値観を相手と共有しているからこそ、モヤモヤする**わけですね。

あっ。それでいうと僕、超メジャーな少年漫画について「読んでないの!? 人生半分ソンしてるって!」って言われるの、めっちゃイヤなんです。これも「超メジャー作品＝社会が認めるいいもの」と自分が思っているからこそ……?

おっしゃるとおりです! メジャー作品に対して社会的な「善」を見出しているからこその、「イラッ」ですね。だって『ドジョウのド太郎』みたいな超マイナー作品について、「読まないなんて人生半分ソンしてる」って言われても、「へ～」で終わりそうじゃないですか? そんな作品ないですけど。

「○○したほうがいい」という言葉によって、「自分も共有している社会の価値観」を押しつけられる。それに反発するから、イラッとモヤッとしてしまう。この公式は頭に入れておくといいかもしれません。

　そして、その「イラモヤ」の気持ちはあなただけのものですから、ぜひ大切にしてください。ときには「そんなふうに決めつけられるのは嫌いなんだ」とはっきり伝えてもいいでしょう。

そうそう、「決めつけ」でいうと、別の友だちは「お母さんだから飲みに行けないでしょ？」「サラダの取り分けありがとう、さすが女子！」といった発言についても、非常にモヤモヤしておりまして。話としては似てるのかも？

そうですね。**属性に当てはめられることへのモヤモヤも、「その価値観を自覚しているからこそ」**と言えます。

もし相手の意図がわからなかったら、「お母さんだもんね」「さすが女子」と言われたとき、やはり「どういうこと？」となるはずです。でも、この社会に生きているから、「お母さんは家で子どもの面倒を見るものだと思ってるんだろうな」「女子は家庭的なことができて当然だと思ってるんだろうな」と、わかってしまう。

「〇〇はこうすべき」という「社会的な善」を、共有しているわけです。

この話、残念ながら「こうするといいよ」という提案はありません。ただ、相手の発言が気にさわったとき、「ということは、自分もこれに『善』を見出しているんだな」と気づけるだけでも少し視野が広がると思います。

対話しているのは自分自身だと意識してみる。「常識」と「正義」を分けて考える。

これがひとまずのゴール兼スタートライン、ということでいいのではないでしょうか。

友だちからの誘いを断れなくて…モヤモヤ

もしもし～今から飲みに行こうぜー
今から!?
チケット売場
KOHO CINEMA
映画見ようと思ってたんだけど…
みんな来るって
行きたいけど……最近疲れたまってるしゆっくりしたい気分なんだけど…
行く行く！
ちょうどヒマしてたとこでさ～

友だちは好きだし飲み会は嫌いじゃないんだけど、「今日は」やりたいことがある……！
でもせっかくの誘いだしって、NOが言えなかった。

友だちと遊ぶのは楽しいんだけど、「今日はこれをしたい」とか「今日は気乗りしない」って日もあります。……あるんだけど、それを貫けないんです。ノリが悪いと思われるのもイヤで、「行けなくもないし」と自分を説得しちゃいます。「気にしすぎな人」にとって、「断る」ってむずかしいんですよねえ。

周囲を気にしすぎな人は、「関係性」と「やりたいこと」を天秤にかけたとき、前者を大切にしがちです。言い換えると、**自分を後回しにしてしまう**わけです。

「相手を満足させるためなら自分を犠牲にしても仕方ない」という信念を持っている、つまり「トレードオフするクセ」がついているわけですが、そんな人は**「幸せの総和」とバランスをイメージしてみる**のがおすすめです。

幸せの総和？

あくまでイメージですけどね。お互いの幸せのMAXを100として「わたしとあなた、それぞれどれくらい希望を満たせたか」と言い換えてもいいかもしれません。

たとえば、自分が誘いに乗ったことで、友だちの幸せ（希望）が「100」満たされたとします。でも、自分は友だちには会えたけど、ほんとうにやりたいことには手をつけられなかったから、「30」。すると、幸せの総和は１３０になります。

この「幸せ」を、友だちと自分でそれぞれバランスよく大きくできないかと考えるわけです。80と60とか、75と75とか。

なるほどなあ。自分がガマンしちゃうと、総和も減っちゃいますもんね。でも、どうすれば誘いを断りつつ相手の希望を満たせるんだろう……？

「今日は行けない」に「別の日に行かない？」をセットにして伝えるといいですよ。今日の誘いは断りつつ、約束はキープするんです。
「今日断ること」と「誘いを断ること」はイコールではありません。**相手の誘いを拒絶する必要もないし、自分の「やりたい」をあきらめることもない**のです。
ほんとうは行きたい。けれど「今日は」行きたくない。だったら、両方のいいとこ取りをしてしまいましょう、ということです。せっかくの「やりたい」「行きたい」気持ちを無視するのはもったいないですよ。
もうひとつ、断り下手な人は**「相手をがっかりさせるかどうかを握っているのは自分**

るけど」と言うことで、相手の幸せ度が下がると思い込んでいるのです。

でも、実際にどれくらいがっかりするかは、そのときの人数やテーマ（誕生日会なのか気軽な飲み会なのか）にもよりますよね。つまりこれも、相手が持っているボール。責任を感じる必要はないと思いますよ。

それは思いやりではなく、「ひとり相撲」に近いかもしれませんね。

ああ、ここでも「ひとり相撲」かあ（P17）。次誘われたら、「ありがとう！　今日はむずかしいんだけど、別の日なら行けるよ」って言ってみよう。

元気のない人に声をかけたいけど…ウジウジ

ハァア…
なんだか今日元気なさそうだな…
コーヒーどうぞ
ありがと
あれで力になれたかな…
帰ったらLINEしてみようかな
ーって思ったけど
なんて送ればいいんだろ…

「絶対何かあったな」って同僚《どうりょう》や友だちがいる。
何か力になってあげたいけど、
すごく親しいわけでもない自分が声をかけてもなぁ……。

元気がない友だちや同僚がいると、ものすごく心配になります。でも、余計なお世話かなって思うと声をかけられなくて。

なるほど。ここでも、「ボールを持ってるのはだれか？」を考えるといいですよ！

「声をかけたい」という気持ちには、ふたつの種類があります。**「相手に元気になってほしい」と、「自分が助けてあげたい」**です。

まず、「元気になってほしい」という思いを持っている場合。これはシンプルで、**「心配しているんだけど、僕にできることはある？」と聞くしかありません。**「どうすれば元気になれるのか」の答えは本人しか持っていませんから、よかれと思って勝手なことをするのではなく、何をしてほしいか相手に確認しましょう。

でも、遠慮がちな人がそう聞かれたら「大丈夫」と答えると思うんですけど……。

やんわりとでも拒否した、その選択を尊重してあげませんか？　余計なアクションは起こさず、「そっか。何かできることがあったら言ってね」と伝え、身を引きましょう。

あなたがいくらおいしい水を持っていても、相手は喉が渇くまでその水を飲みません。

大切なのは、「水を持っているよ」と伝え、適度な距離を置いて見守ること。気にかけているよというメッセージが伝われば相手もうれしいでしょうし、少なくとも、自分の「何か言えばよかったかな……」というモヤモヤは晴れませんか？

それはそうかも。僕は、「相手にボールを投げて待つ」のが苦手なんだな。

おお、いい気づきですね！

そしてもうひとつの「自分が助けてあげたい」。優しさではなく自分のための動機と言えます。**自分が役立つ存在であることを実感するために、相手を利用している**わけです。

だれかを助けることで「自分はいい人だ」と満足する。救いの手を差し伸べることで、強者としての優越感にひたる。そんな自分勝手な気持ちから、「声をかけたい」と思っている可能性があります。

うわあ。わからなくはないけど、言葉にすると残酷ですね……。

でも、立場を変えてみると、これって「ラッキー」だと思いません？

「弱っている人を助けてあげたい」という気持ちは、優越感や承認欲求を満たすための優しさ。これを反転すると、**だれかに「助けて」と言うことで、相手の欲求を満たしてあげられる**ということです。手を貸してもらいつつ、相手にとって「いいこと」もできると知っておくと、困ったとき、人に頼りやすくないですか?

たしかに! 僕は「手伝って」とか「助けて」がなかなか言えないタイプですが、それが相手のためになるなら、ちょっと図々しくなれそうです。困ってる人がいたら「助けになりたい」と伝えて待つし、自分が困ったら「助けて」って言う。うん、なんだかモヤモヤせずにいられる気がしてきました……!

淡白なLINEやメッセージに…ビクビク

お義母さん
来週お伺いしても
よいでしょうか？
じぶん
お義母さん
どうぞ
ありがとう
ございます！
楽しみにしてます
お義母さん
はい
この感じ
ホントに
大丈夫かな
──翌週
いらっしゃい
元気？メロン
買ったから
食べよ〜
ホッ…
今日はメロン
ご馳走様でした！
おいしかったです
はい
あんなにおいしい
メロンはじめて
でした！
そう、よかった
やっぱり
なんか
こわい…
今そっちに
メロン
送ったから
食べてね〜
え〜！
うれしいです
ホッ…

絵文字や顔文字、「！」のない文章。
別に怒らせてないはずなんだけど、
「なんかしちゃった？」と心配で、ほかのことが手につかなくなる。

LINEやメールで感情の読めない文章が送られてくると、機嫌とかテンションがわからなくてすごく戸惑っちゃうんです。

「怒らせちゃった？」って焦りますよね。でもね、文字だけの文章は絵文字や顔文字、「！」など記号のある文章と比べると「情報」が少ない。つまり**解釈《かいしゃく》の幅が広いので、深読みしてしまって当然**なんですよ。ユータヌキさんは、「メラビアンの法則」という言葉を聞いたことがありませんか？

メラ……？　犬の名前ですか？

「メラビアンの法則」は、「言葉とそのほかの表現が矛盾《むじゅん》していたときに、人は何を重視するか」というものです。たとえば**ニコニコしながら「許さん！」と言っている人がいた場合、人は「許さん」という言葉ではなく、「ニコニコしている」という目から入る情報のほうを重視する**のだそう。

つまり、送られてきた「ありがとう」というメッセージに「。」も絵文字も「！」もなかったら、感謝を表している言葉の意味よりも、そっけない視覚情報のほうに引っ張られてしまうということですね。

そもそも、なぜこの世に絵文字が生まれたのかを考えてみましょう。きっと、携帯電話やパソコンが普及して文字（視覚情報）だけでやり取りする機会が増えたとき、多くの人が「なんとかして気持ちを正確に伝えたい、知りたい！」と考えたからですよね？

しかも、絵文字は日本発の文化。日本人は、文章で気持ちを伝えたいし、文章から相手の気持ちを読みたいという気持ちが強いとも言えます。

なるほど。相手の機嫌が気になっても仕方ないってことがわかって、少しだけホッとしました。それでもやっぱり淡白なメッセージを受け取ったら焦っちゃうと思うんですけど、どう読み解けばいいんでしょう……？

「感情語」を見つけるといいですよ！　ありがとう、うれしい、楽しい、最高。そういった気持ちを表す言葉にフォーカスしてみましょう。
もちろん、いくら感情語があっても、絵文字や顔文字がないと、それが心からの言葉なのかどうかつかみにくいかもしれません。
そんな手がかりがない文章では、**無理に深読みしてわかろうとしないことも大切**です。とりあえず文面どおりに受け取って、考えるのをやめる。どうしても気になったら、次会ったときに聞いてみる。

表情や声の温度を文章に求めるのは、そもそも無理なことです。100パーセント受け取ろうとするのはあきらめてしまうのも、ひとつの手だと思います。

ただし、自分が相手にメッセージやメールを送るときは**「絵文字や感情語を入れると相手がラクになる」と頭に入れておくと親切**でしょう。「わたしはこういう気持ちでいますよ」と視覚情報でたっぷり伝え、相手が不安にならないようにしてあげるのも、気《き》遣《づか》いのひとつと言えますね。

そういえば、LINEやメッセージ、メールでも「!」を使う人、めちゃめちゃ増えた気がします。リモートワークが増えた影響かな。

絵文字を使うシーンではないけれど、ポジティブな感情や温度を伝えたいときにちょうどいい記号なんだと思います。これもまた、日本人らしい気遣いなのかもしれませんね。

勝手に期待して、叶えてもらえないと…ガックリ

久しぶりの実家だ〜
お母さん晩ごはん何つくっててくれるだろ〜
ただいま〜
お母さん晩ごはん何〜？
あれ？食べてきてないの？
何も用意してないよ
!?
ないってわかってたら友達とごはんに行ったのに〜

家族に、友だちに、恋人に。
「こうしてくれるかも」とワクワクしてたら、肩すかし。
楽しみな気持ちが宙ぶらりんで、ちょっとイライラ……。

勝手に期待して、盛り上がって、ワクワクして。それを相手が叶えてくれないと、「え〜〜〜？」って思っちゃいます。自分勝手だってわかっちゃいるんですが……。

わかります、わかります。**期待とは、日々の「小さな夢」**なんです。持っちゃうのは仕方ないんですよ。

そもそも人間にとって、期待はとても大切なものです。「こうなるといいな」という思いは人を元気にしますし、がんばるモチベーションにもなってくれます。

だからこそ知っておくといいのが、**「期待の叶え方」**です。

期待を、叶える……？

はい。ユータヌキさんは、期待を「独り占め」していませんか？ 期待を相手に伝えているでしょうか。

先ほど、期待のことを「小さな夢」だと言いました。夢が叶うと、たしかに喜びは大きいものです。一方で、叶えてもらえなかった、もっと言えば裏切られた（と自分が感じた）ときのダメージも、うんと大きい。

そうならないように、**自分が持っている小さな夢を、相手と共有してみませんか？**
たとえば「実家に帰ったら、お母さんの手料理が食べられるはず！」といった小さな夢があるならば、あらかじめお母さんに伝えておく。そうすると、自分ひとりの小さな夢が**相手との「約束」に変化する**わけです。

約束にしちゃえば「がっかり」は減りそうですね！　……でも正直、それってちょっとつまらないかも？　自分のことを理解してほしいというか、察してほしいというか。

そうですよね。約束にすると自分の期待が外れる可能性は低くなる、つまり願いが叶う確率は上がるはずなのに、「つまらない」んですよね。でもそれは、ギャンブルの仕組みと同じなんです。

ギャンブル!?

なぜ人がギャンブルにハマってしまうかというと、「楽しいことが起こるかも」と期待すると、脳から快感を感じる「ドーパミン」という神経伝達物質が出るからです。研究によると、**楽しいことが起こった瞬間よりも、期待しているときのほうが多くのドーパミンが出る**んです。ゲームの「ガチャ」と同じですね。

ギャンブルやゲームならそれでもいいのですが（もちろん限度はあります）、この興奮や快感による気持ちよさを人とのコミュニケーションにも求めるのは、ちょっと問題。期待が外れればその落差でがっかりするし、怒りすら感じてしまうわけですから。

じゃあ、そもそも相手に期待しなければいいのかな？

勝手に期待するのではなく「お互いの約束」にできれば、期待するのもオッケーだと思いますよ。その予定に対して、「楽しみだな」とワクワクできるでしょう？

なるほど！「来週は沖縄旅行だ」と考えると、仕事もがんばれますもんね。それにしても、「コミュニケーションをギャンブルにしない」って言葉、忘れないようにしたいです。

人によって態度をがらっと変える人に…ザワザワ

部長！どんどん仕事任せてください！
仕事なんてテキトーに頑張ればいいのよ
先輩ーー！今度ドライブ連れてってくださーい♡
先輩の相手疲れるわ〜
この人どれが本性なの…

さっきと言ってること違うじゃん。
相手の立場によって態度違うじゃん。
自分に直接被害はないのに、なんでか気になる！

人によって態度を変える人って、なんであんなに鼻についちゃうんでしょうね？　自分はそういう振る舞いができないからかなあ。

自分があからさまにイヤな思いをするわけでもないのに、不思議ですよね！

なぜ「いい顔」をする人に、なんとなく嫌悪感を抱いてしまうのか。それは、**人間の脳は一貫性を求めるもの**だからです。目の前の人がくるくる「キャラ変」することは、脳にとってストレスになってしまうのです。
たとえば、清純派アイドルと言われる人たちのスキャンダルがニュースで流れると、みんなこぞって叩きまくるでしょう？

これはまさに、脳が一貫性を求めた結果。ワルぶったキャラの俳優さんがスキャンダルを起こしたときよりも、何倍も嫌悪感を抱かれやすいわけです。誠実なイメージの政治家、爽やかキャラのスポーツ選手なんかもそうですね。

そっか、「一貫性」が崩れることで脳が不快になるのか。……あと、もしかしたら、相手によって態度を変えない自分がソンしちゃう気がするのも、イヤな気持ちになる理由かも？って思いました。

それはありそうですね。でもね、「いい顔しい」、要は八方美人ってあまり「いい戦略」とは言えないんですよ。

目の前の人の好みに合わせていい顔をするのは、短期的に「トク」するからでしょうが、人によって態度を変えることがバレたら、その人は信用を失います。「ほんとうは何を考えているか読めない」「裏では何を言ってるかわからない」と疑われてしまう。脳に不快感を与えるわけですから、仕方ありません。

つまり、ぱっと見で「ちぇっ、うまくやってるなあ」と思うかもしれませんが、彼らはそれなりにリスクを抱えているわけです。

しかし、これは逆に言えば、**一貫性のある人間は魅力的にうつる**ということ。人によって態度を変える人のことはあまり気にせず、自分は一貫性のある態度を取ればいいのではないでしょうか？　そのほうが、長期的にはトクをするのですから。**「一貫性ブランディング」で、信頼を勝ち取りましょう！**

態度を変えないことが、ブランディングになる……！

だからユータヌキさんも、人によって態度が変えられない、不器用なままでいたらいい

と思いますよ。

そう言われると安心します！
ただし、ひとつだけ覚えておいてほしいことがあります。

人は「自分に見せている顔」をほんとうのその人だと認識してしまうクセがありますが、**「本性」というものはありません**。みんないろいろな面があって、人によって見せる顔を変えているのです。

みなさんだって、無意識に「家の自分」「会社の自分」と使い分けているでしょう？

「いい顔しい」の人は、その表現が少しあからさまなだけ、切り替えが極端なだけという可能性もあります。そもそも目くじらを立てることではないのかもしれませんね。

子育てルールの違い、「そんなのアリ？」と気になって…モヤモヤ

晩ごはん食べたいのにまだ帰らないのかな…
ケンちゃん18時だよ帰らなくて大丈夫？
ママパパ心配してない？
うちは門限20時だから大丈夫！
小学生の門限が20時――⁉
それいいの？
いやまぁ各家庭で決めることだからな…
ん――…
でも親としてそれどうなんだろ…
このジュース飲んでいい？
え――⁉
開けちゃうの――⁉

常識外れじゃない⁉と思うけど、
各家庭によってルールが違うのもわかってる。
それに、子ども相手にぎゃーぎゃー言うのも大人げないかも……。

以前、子どもの友だちが夜遅くに我が家にやって来て、「か、勘弁《かんべん》して……」ってことがありました。でも、「帰りなさい」と強くは言えなくて、「門限は大丈夫？」なんて聞いちゃって。

へえ！　どうして言えないんでしょう？　だって、ユータヌキさんの家のルール的にはNGなんですよね？

子ども同士の関係が悪くなったらかわいそうだし、「帰らされた」って相手の親の心証が悪くなるのもよくないかなと考えちゃって。それに、相手の子も親に決められたルールを守ってるわけだから、言っても仕方ないかなあと……。

たしかに子育ては、家によってルールや方針があります。「よそはよそ、うちはうち」と親に言われたことがある人も多いと思いますが、まさにそのとおり。

しかし、我が家と違うルールを持つ子どもに対して何も言ってはいけないかというと、そんなことはありません。シンプルに、「我が家のルール」をその子に伝えて構わないのです。

ユータヌキさんは無意識のうちに、**子どもではなく「子どもの親」とコミュニケーションを取ろうとしている**ように見えます。その子が帰る時間かどうかは、親が握っていると思っている。「この子は親に決められたルールを守っているだけだから」とあきらめて、そんな自分にもモヤモヤしている。

でも、相手もひとりの人間です。**大人相手と同じように、子ども本人と交渉すればいい**と思いませんか？

たしかに、「子どもに言っても伝わらないし」と思ってたかも。

「子どもは親のもの」というバイアスがあるのかもしれませんね。でも、子どもだっていち個人。「わたしは」帰ってほしいし、「うちの」ルールだから、と話せばいいと思いますよ。よそはよそ、うちはうち。

また、ユータヌキさんは「そろそろ帰りなさい」と直接的には言えないから、「どうか帰ってくれ〜」という思いを込めて門限を聞いたのではないでしょうか。

つまり、**子ども相手に「察してちゃん」になっている**んです。悪者になりたくないうえに、ラクをしようとしているんですね。

察してちゃん……耳が痛い……。

ストレートに「帰って」と言わないのは一見優しい態度ですが、オブラートに包んだ表現は子どもには通じないので、その優しさはだいたいムダになってしまいます。モヤモヤは早い段階で撃退しないと、引きずることでどんどん膨らんでいきますよ。

相手の子が「うちは門限20時だから、残る」と言うのと、ユータヌキさんが「うちは18時だから、帰って」と言うのは同じ土俵の話です。

大人も子どもも関係ない。**フェアに対話して、自分の願いを叶えていきましょう。**

めっちゃぐるぐる考えちゃってたけど、「もうごはんの時間だから、おうちに帰ろうね」ってあっさり伝えればいいんだなあ。これって、どんなおやつを食べるか問題でも、テレビをどれくらい見るか問題でも、同じですよね。

そうそう、「よそのルールに口を出していいのかな」「相手は子どもだから」「親が……」って遠慮せずに、自分の家のルールを大切にしていいと思いますよ。

コンプレックスを人に見せたくなくて…クヨクヨ

みんなで旅行行こうよ
いいね!
いいね〜どこ行く?
デーン!
温泉!
遊園地!
温泉!
温泉!
こりゃもう温泉でしょ!
えーっ… いちばん恐れてたやつ… 裸見られるのヤダな…
みんな自信あるんだな…
わたしはないな…

コンプレックスがあるから、あんまり自分の身体《からだ》をさらしたくない。かといって、それをみんなに言いたくもない……!

じつは僕、みんなの前で裸になるのが苦手で、合宿とか温泉旅行とかできるだけ避けてきたんです。身体にコンプレックスがあって……。

ふむふむ。身体的なコンプレックスって、「変えられないもの」ですもんねえ。

人は、国籍や育ちといった**変えられないものを指摘されると感情を乱しやすい**と言われています。身体的なコンプレックスは、それと同じだと考えていいでしょう（手術などすれば変えられますが、基本的には与えられたものを受け入れるしかありません）。

だからこそ、「胸が大きい／小さい」「太っている／やせている」「毛深い」といった身体的な特徴に視線を向けられることに、人は強いストレスを感じてしまうわけです。

ただそこから一歩考えてみたいのが、**「ネガティブな視線はほんとうに存在しているのか」**ということ。

要は、「みんなそんなに他人の裸をチェックしているのか」。

おそらく、温泉でユータヌキさんが「自分の身体のこと」で頭がいっぱいになっているとき、周りの人は「は〜、気持ちいい！　温泉最高〜」としか思っていないでしょう。

冷静になって考えると、リラックスするために来た温泉で、かつ、たくさんの裸がある中で、みんなが自分に注目しているはずがないと思いませんか？

もうひとつ覚えておくといいのが、**自分が気にしている箇所には目がいきやすくなる**ということです。脚がコンプレックスの人は他人の脚に、胸にコンプレックスがある人は胸に目がいってしまう。

でも、そういう人でも、たとえばお腹やお尻など、自分が何とも思っていないところは案外見ないもの。ユータヌキさんも、自分がコンプレックスを持っているところ以外、目に入らないのではないでしょうか?

うわっ、たしかに! ということは、ほかの人も、同じコンプレックスを持っていないかぎり、僕のことなんか全然見てないのか。前に読んだアドラー心理学の本に「**自分の顔を気にしているのは自分だけ**」と書いてあったけど、ほんとうなんだなあ。

「もしかしてみんな、自分にも、この箇所にも、興味ないかも?」と気づけると、コンプレックスをさらす拒否感も少しは薄れるかもしれません。

もちろん、ほんとうにネガティブなことを言われたり笑われたりしたら、存分に怒っていいと思いますよ。「そんなこと言わないで!」と、自分を守りましょう。

ちなみにですが……、写真を撮られるのが苦手な人も、「他人の目」に対する認識がズレている可能性があります。

自分の顔なんて、日頃さまざまな瞬間をさまざまなアングルから見られています。それなのに、一瞬を切り取られることには強い抵抗感を持ってしまうのですから。「写真うつりが悪いから」と言う人もいらっしゃいますが、それが他人から見た真実という可能性が高いんですよ。

あはは、ひどい！　でも中山さんの話を聞いて、まずはコンプレックスに対する視点を変えてみて、それでもしんどかったら逃げるのもアリだなと思いました。ノリが悪いと言われようが、行きたくないところには「用事がある」と言って、行かない。自分の気持ちを守るためのウソなら、ついていいですよね。

もちろん！　逃げるのもウソをつくのも悪いことではありません。「行かない」、いい選択だと思いますよ。

美容院で「ここを直してください」が言えず…ウジウジ

後ろ確認
お願いします
気になる
ところが
あったら
言って
くださいね
はい
あれあれあれ…？
お願いした髪型には
なってるけど…
ちょっと
想像してた
のと違う…
もう少し
短くてもいい気が
するけど…けど…
これで
大丈夫
です
1週間
以内なら
直しますので
連絡ください
やっぱり
気になるけど…

お店の人の、「どうですか？」。
正直に言うとイマイチでも、
なんだか悪くて、へらへらしがち。

美容院で最後に絶対聞かれる、「いかがですか」。「ここ、切り直してください」って言えないんです。「遠慮なく」って言われるけど、遠慮しちゃいます。

じつにユータヌキさんらしい！ いったい何が引っかかるんでしょうね？

うーん、ていねいに切ってくれたのに、その努力を無下《むげ》にしちゃうことかなあ？

前提として、**自分の気持ちを素直に発言するためには「心理的安全性《しんりてきあんぜんせい》」が必要**です。「心理的安全性」とは、ざっくり言えば「ここでは何を言っても大丈夫だと思える安心感」のこと。心理的安全性が低いと、4つの不安が引き起こされると言われています。

「無知だと思われる不安」「無能だと思われる不安」「ネガティブだと思われる不安」、そして「邪魔をしていると思われる不安」の4つです。

このうちユータヌキさんは、「邪魔をしていると思われる不安」を抱えているようですね。「スムーズな進行を妨げるヤツと思われてしまう」ことへの不安、ですね。

そうそう、イヤな客になりたくないんです。顧客カルテに「めんどくさい客」って書かれたらどうしようって不安だし……関係性を悪くしたくなくって。

まず、美容師さんとお客さんも、コミュニケーションを取る以上、必ず「相性」があります。意見を言いやすい人もいれば、黙っていても圧を感じる人もいる。テクニック以外の相性も重視して、「なんとなく話しやすい人」をさがしてみるのもいいでしょう。

もうひとつ、美容師さんの立場になって考えてみるのもいいかもしれません。後からため息をつかれるより、お客さんには満足して帰ってほしいと思いませんか？

たしかに……。漫画だったら、満足してもらえるまで何度でも描き直したいです。

でしょう？ だから、「お客様は神様だ！」なーんてエラそうな発想ではなく、**お客さんとして十分に満足させてもらっちゃおう**と考えるのもいいですよね。そのほうがお互い気持ちがいいはずって。
また、「伝え方」も工夫できるかもしれません。**具体的に「ここが違う」と否定するのではなく、「ここが想像と違って」と感想を言ってみる**。そこからやり直すのか、セットの仕方を教えてくれるのかといった選択肢は、相手に委ねてしまうわけです。

なるほどなあ。どうしても後に言いづらそうなら、先に保険をかけておくのはどうでしょ

う？「僕の髪でこういうふうにカットしたらどうなるか想像できないので、やり直しをお願いしちゃうかもですけど……いいですか？」って。

あらかじめ相談しちゃうんですね！ すごくいいと思います。カタログを見せて、そのとおりに切ってもらったのに直してもらうなんて、クレーマーみたいじゃないですか。だから、せめて事前にクッションを……。

あはは！ それなら、オーダーの仕方も工夫できるかもしれませんね。

カタログを見せるときって、髪型やカラーを指示しているようで、じつは「この写真みたいに『トータルいい感じ』にしてほしい」と思っているものです。だから、なりたい雰囲気を伝えたり、「この髪型をベースに、似合う感じで」など注文の仕方を変えることで、ミスマッチを減らせるでしょう。

また、満足できたときには「最高です！」「この前の髪型、すっごく褒められました！」などと伝えると、ただのクレーマーではないことが示せそうですね。

伝え方の工夫、いろいろできそうですね。せっかくだから、いくつかコミュニケーションのパターンを考えてみます！

子どものいない自分がソンしてる気がして…モヤモヤ

子どものお迎えあるんでお先です～
お疲れさまでーす
小さい子を育てながら働いてえらいな～
……
えらいけど…あの人が時短になった分をわたしたちが引き継いだんですけど…
忙しくなって残業も増えたもんね…
あの人は残業もないし子どもの体調不良でいきなり休むし…
こんなこと言いたくないけど…ズルいよね…

「○○は大切にすべき」とわかってはいるけれど、相手ばかりいい思いをしていると
なんだか納得しきれない気持ちになる。

SNSで、ときどき「時短勤務する同僚にモヤモヤする」って話がバズるじゃないですか。「仕事のしわ寄せがこっちに来るんだけど!?」って。たくさんの人がそういうふうに感じているわけで、どうすればそんな社会のモヤモヤを解消できるんでしょう。

そうですねえ。少し大きなテーマですが、一緒に考えてみましょうか。

社会的に、「子どもは大切にするもの」という考えは、多くの人が共有しています。子ども嫌いな人であっても、「そうすべき」とはわかっている。子どもがいなくなれば種が途絶えてしまうわけで、大事に扱うべき存在というのは生物的にも大前提でしょう。

一方で、子どもがいない人の時間や努力を軽く扱っていいかというと、決してそういうわけではありません。子どもを産み育てている親と同じくらい、彼らをサポートしている人も評価されるべきです。間接的に、子どもを大切に育てていると言えるのですから。

この貢献がきちんと評価されないから、モヤモヤが蔓延《まんえん》してしまうのです。

会社の評価制度や社会の認識が乏しいから起きていることなのに、「子どもを育てている親」自体を嫌いになっちゃうんですね。

それは、**会社や社会が子どものいる親に肩入れしてるように見える**からです。自分たちは切り捨てられる側だと感じてしまうんですね。

なるほどなあ、それは子どもがいる身として申し訳ないなあ……。でも、電車なんかで「ベビーカーを押している親はもっと申し訳なさそうにしろ」とか言われたりするじゃないですか。あの感じもしんどいですよねえ。お互いに優しくなりたい。

その空気にも理由があるんです。

人は、自分より社会的に弱い人や、社会保障制度などを通じて間接的に「お世話している人」に強気に出るものです。そうすることで、自分の存在感を示せるからです。

ある意味、ベビーカーも弱者かつマイノリティの象徴。ですから、「こちらが気を遣《つか》ってやってるから電車にベビーカー連れで乗れているんだぞ」と、自分の貢献や影響力を示しやすい対象と言えるかもしれません。

少し話が逸《そ》れましたが、僕が伝えたいのは**「モヤモヤは当事者ではなく制度に向けてみよう」**ということです。モヤモヤの矢印を、「子どものいる人」からズラすことからはじめてみる。

共通の敵を「悪《あ》しき制度」にして協力することで、尊敬し合って仲よくできれば、理想ですよね。

ちなみに、社会問題の議論となるとＡ vs.Ｂの対立構造になりがちですが、これは、攻撃は脳にとって快感だから（詳しくはＰ129）。

叩きやすい相手に攻撃的になるのは脳が易《やす》きに流されている証拠だということを心に留《と》めておくだけで、少しは殺伐《さつばつ》とした空気が薄れるでしょう。

僕、独身のとき「育休ってズルいな」と思ってたんですが、実際に制度を使う側になってすごく助けられたんです。だから、「いつか自分もお世話になるかもしれないし」という視点を持つのもアリなのかなと思いました。

いいですね！　育休に限らず、僕たちは社会からたくさんのものを受け取っています。今日歩いた道路だって、その街に住むものすごいお金持ちの税金でつくられたのかもしれませんし、自分も誰かに支えられているんです。……こうしていろいろな視点を持とうとすることで、モヤモヤイライラを回避できるようになるといいですよね。

漠然と不安な僕を救った「書く」習慣

なんか焦ってる。なんか寂しい。なんか怖い。

昔は布団に入れば6秒で夢の中に行けたのに、一時期、布団に入ってからも2、3時間眠れないことがありました。ネガティブな気持ちが頭の中でぐるぐる、心臓がバクバク。疲れが取れず、次の日もネガティブを引きずっちゃう。そんなしんどい毎日でした。

そのときに出会ったのが、コーチの中山さんです。中山さんとの雑談の中で「漠然とした不安」の正体に気づき、次第に解決できるようにもなりました。

けれど問題は、雑談って相手がいてこそだから、いつでもできるわけじゃないこと。モヤモヤは日々、モクモクと生まれてくるのに……。

そこで中山さんにすすめてもらったのが、「**思ったことを書き出してみる**」方法でした。自分しか読まないから、ていねいに書く必要はない。ただ頭に浮かんだことを殴り書けばいいとのこと。実際やってみると、頭の中で自分と自分が会話してるような感覚でした。

何かやらなきゃいけない気がする…… → 何かってなんだろう？ → 漫画を完成させなくちゃ → あ、漫画のスケジュールに焦ってるんだな → 締切は？ → まだ2週間もあるじゃん → 毎日1ページずつ描けば全然間に合うよ → 焦らなくていっか！

この「書き出し」を繰り返して気づいたのは、僕の漠然とした不安はほとんどが思い込みか、正体がわかればたいしたものじゃないということ。そう、布団の中でぐるぐる考えても仕方ないことだったんです。こうして寝る前にノートに自分の気持ちを書くようになってからは、また6秒で眠れるようになりました。

PART 2

仕事や職場で、
気になります。

自分の考えや仕事を否定されて…クヨクヨ

企画会議
こちらが僕の企画案です！
いかがでしょうか？
発想はいいけどおもしろみに欠けるな…
売上の見通しが弱いなぁ…
えっ…
え―…自信あったんだけどな…ダメなんだ…
わかりました…
そうだよな…僕っておもしろくないもんな…
そもそも期待されてなかったのかも…

アイデアを否定されたり、資料にダメ出しされたり、ほかの人の意見が採用されたり、自分の発言でシーンとなったり。自分って仕事ができない人間なんだなと落ち込んでしまう。

僕、編集者さんからダメ出しを食らうと、3日間くらい立ち直れないんです。

きっと、ものすごく力を入れたからこそ落ち込むんですよね。でも、たとえば漫画のネーム（下書き）をボツにされたとして、どうしてそこまでショックなんでしょう？

ええっ。だって、「お前はつまらない」って存在を否定されたようなものだし……？

多くの人がハマりがちな落とし穴は、そこにあるんです。

企画やアイデア、提案など自分の意見を否定されて、なぜ落ち込んでしまうのか。それは、「自分自身が否定された」と捉えてしまうからです。

そんなときは**「この問題の主語は何か？」**を考えてみましょう。

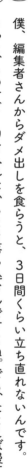

つまり何が否定されているのか、あなた自身の存在なのか、それともあなたの「意見」なのかを考えてみるのです。ユータヌキさんの場合だと、どちらでしょう？

ネームが否定されただけだから……「意見」、かな。

そうですよね？　ほら、ユータヌキさんの存在を否定しているわけじゃないんですよ。

逆の立場になってみましょう。「こりゃダメだ」と思う提案を受けたら、当然NGを出しますよね。でもそのとき、「こいつはダメ人間だ」なんてひどいことは思わないはずです。主語は「人」ではなく「提案」だからです。

たしかに。人に対してはそんなこと思わないのに、自分に対しては「こんなアイデアを考えた自分なんて」って全否定の思考回路に陥《おちい》っちゃってたかも。

仕事がイマイチな評価を受けたときは、「改善の余地がある」と捉えると見え方が変わってきます。改善ポイントの多い「未熟」な仕事をしただけだからやり直せばいいし、むしろもっとよくなるきっかけになったと考えてみる。

そのためにも、**仕事への否定を自分自身への否定とすり替えていないか、少し距離を取って考えましょう。**資料を否定されて落ち込みそうになったら、「否定された資料」と「資料を考えた自分」をごちゃ混ぜにしていないか、観察してみるんです。

褒められるのもけなされるのも、僕ではなく僕の意見やアイデアだったんだな。だけど自分と仕事、距離を取って考えるのがむずかしいんですよねえ……。

大切なのは、**「『自分』と『仕事』は切り離せる」と知っておくこと**です。知っているだ

けで、勝手に脳がそちらに向かっていくんですよ。ホントに。

もうひとつ、視点の切り替え法をご紹介します。
否定してきた相手に対して、この人もダメダメな提案をすることあるしな〜、調子が悪いときくらいだれにでもあるよな〜、と意識的に、わざと軽く考えてみるのです。常にいい仕事なんてできないさ、と自分に言い聞かせてみましょう。

なるほど。僕が落ち込みやすいのは、性格というより、考え方のクセみたいなものなのかもなあ。

まさに！　切り替えの早い人も遅い人も、そういうクセを持っているだけなんですよ。

悪く思われたくなくて定時に帰れず…ダラダラ

今日はおしまい帰ろ〜
パタッ
ーと思ったけど…
まだみんな頑張ってるのに…
新人なのに
やる気ないな
って思われたくないから
みんな帰るまで残業しよ…

別にルールを破っているわけじゃないのに、周りの「空気」や「目」が気になってしまって結局いつも自分のしたいように行動できない。

会社員時代、今日やるべき仕事はないのに、僕だけ先に帰ると「なんだアイツ」「やる気ないな」って後ろ指をさされちゃう気がして、なかなか帰れなかったんです。

ふむふむ。みんなにどう思われるかが気になって、つい合わせてしまうんですね。

まず残念なお知らせですが、すでに文化ができ上がっている集団には同調圧力《どうちょうあつりょく》、つまり「みんなと足並みを揃えろよ」という圧が生じてしまうものです。ですから、**ひとりだけ周りと違う行動を取ると嫌われがち……というのは間違いではありません。**身を守るため、「帰っちゃマズいぞ」と判断するのは正しい感覚なのです。

ただ、だからといって常にみんなに合わせるべきかというと、そうではありません。それって不自由ですからね。

そこで、「後ろ指をさされるんじゃないか」と考え、望む行動が取れないときにおすすめの合言葉があります。

それが、**「他人の目線は自分の目線」**。「罰せられる！」と思うとき、ほんとうに罰しているのは自分であることが多いんです。

罰しているのは、自分……？　どういうことだろう。

「足並みを揃えず帰宅するのは悪いこと」と、「みんな」ではなく「自分」が思っているんですよ。ユータヌキさん、「早く帰ることはいいこと」だと思えていますか？

もし心から「早く帰ること＝いいこと」と思えていて、自分やチームのプラスになると捉えられていれば、「じゃ、お先に！」と元気よく言えるはずです。**自分の中に「その行動を取る他者を罰する気持ち」があるから、ためらってしまう**んですよ。

言われてみれば、「遅くまで仕事をがんばる人がエラい」と思ってるかも……。

うんうん。じゃあ、心から「早く帰る＝いいこと」と思うためには、何ができそうですか？

「夜の時間を使って何ができるか」を考えたり、「残業しないチームにはどんないいことがあるか」を調べたりしてみる、とか？

おお、いいですね！

「いいこと」を見つけて罪悪感を反対側にひっくり返すのは、行動を変えるうえで有効な方法です。

つまり、**「ダラダラ残業すること」に罪悪感を持つよう、自分を仕向ける**のです。

たとえば「同じように帰りたい人たちに迷惑がかかってしまう」「ダラダラする習慣がついたらチームの生産性が上がらない」「自分の限りある時間をムダにしてしまう」など、「早く帰らない＝悪」の公式を考えてみる。思い込んでみる。

こうして罪悪感の向きが変わると、ほどなく「何も気にせず帰れる」ようになります。次第に、「帰らなきゃ！」と焦るようになれるかもしれませんよ。

ホントになれるかなあ……？

自分でモテると思ってる人って、なぜかモテるでしょ？　思い込むと、不思議とそのとおりの行動を取れるようになるんです。だから「早く帰るっていいこと！」と思い込めば、自然と行動もついてきますよ。

へええ。「反対側の思い込みをつくってみる」って、おもしろそう。いろんな場面でやってみます！

残っている人に申し訳なくて先に帰れず…モヤモヤ

今日はおしまい帰ろ～
パタッ
ーと思ったけど
みんなまだ頑張ってるのに
わたし先に帰るのは悪いよね…
みんな帰るまで残業しよ…

ルールを破っているわけじゃないけど、みんなのことを考えると自分だけがんばらないのは悪いし……と遠慮しがち。

「帰りたいのに」シリーズとしてですね、ひとつ前の「悪く思われたくない」のほかに「自分だけ帰るのが申し訳ない」と思ってしまう、というパターンもあります。みんなが気にしなかったとしても、気が引けるというか。

ははは、なかなか帰れないですねえ。でもね、それって「同調圧力」の話と同じで、「そうなるのは仕方ない」とも言えるんですよ。

西洋人と東洋人では、「自己」の境界線が違うと言われています。とくに東アジアの人は、無意識に「他人の一部分も自分」だと感じてしまうそうです。

だから、たとえば他人が怒られていると自分も怒られているようで萎縮《いしゅく》してしまうし、他人が泣いていると、自分のことのように悲しんでしまいます。

逆に言えば、**自分の問題を、独立した「自分だけの問題」として捉えることが苦手**なのです。

なるほど。だから、自分の仕事は終わっている＝自分の問題はクリアしているのに、周りの人が忙しそうに働いていたら、自分だけ帰ることに罪悪感を持ってしまうんですね。

そうそう。「困ってる人がいたら一緒にがんばらねば！」って思うわけです。

こうした共感性は人を思いやることにもつながりますし、チーム一丸となって働くときには大きな力になるでしょう。

一方で、**自分の優先度を下げてしまうことにもつながる**わけです。そんな人にぴったりな「問いの言葉」があります。

「自分がそうすることで、だれか助かる？」

まだ一生懸命働いている人がいるのは間違いないけれど、「罪悪感を感じて自分が残ったとして、何になるのか」と冷静に問うてみる。すると案外、ほとんど力になれなかったりするものです。ばっさり言ってしまうと、「意味がない」。

ウッ……耳が痛い。たしかに、仕事してるフリしてSNS見たりしてました。

周りの人を思いやるあまり、身動きが取れなくなってしまったときには「それでだれか助かる？」と考える。そして手助けできそうにないのなら、その場を立ち去る。それくらいの思いやりで十分です。

また、先ほども言ったとおり、「周り」を優先しすぎる人は「自分のために」という

自分のため
- ゆっくりする
- 趣味に没頭する
- 飲みに行く

誰かのため
- 手伝う
- 応援する
- 残業してるフリ

視点が抜けがちです。もう少しだけ、自分に対して優しくなってみる意識を持つのもいいかもしれませんね。**他人と同じくらい、自分を大事にする。自分にもいい顔をしないと、フェアじゃない**ですから。

フェアかどうか、なんて考えたこともなかったです。まさに、「自分がガマンして周りの空気がよくなるならいいや」って思っちゃいがちだったかも……。

「周りのことはいったん置いておこう。さて、自分のためにはどういう選択をするべきかな?」と考えるクセをつけられるといいですね。

なるほど。「自分はどうしたいのか」の優先度、少し上げてみようと思います!

やりたいけど手を挙げられなくて…ウジウジ

この前
話した企画
担当したい人
おらんかな
やりたい…
けど自信が…
はーい！
やります
やります
すごっ…
わたしに
任せて
ください
わたしの
ほうが
経験豊富な
業務なのに
わたしも自信持って
手挙げられるように
なりたいな…
はーい!!

立候補したり、自己アピールしたりするのがどうしても苦手。
周りの人の積極的で自信たっぷりな姿に
胸がざわざわして、落ち込んじゃう。

僕、「やりたいです！」って手を挙げられないんです。「もし、失敗したら迷惑かけちゃう」とか「まだ自分には早いよな……」って考えてしまって。だから、自分と実力がたいして変わらない同僚が「やります！」と言っていると猛烈にモヤモヤしていました。

猛烈に（笑）。それはまず、「できる」と「自信」の捉え方を変えてみるといいかもしれませんね。

前提として、「できる」と「自信」はまったく無関係です。**自信がある人が「できる」わけでも、自信がない人が「できない」わけでもない**。

自信によって実力が変化するわけではないので、「自信がないのに手を挙げる＝無責任なこと」ではないのです。

ここを混同すると、100パーセント成果の出せるものにしか手を挙げられなくなってしまいませんか？

ユータヌキさんのように「手を挙げるハードルが高い人」は、「やりたい人～？」の言葉を、「絶対にやり遂げ、かつ成功させる自信のある者は決意表明しなさい」と、重ためのニュアンスに解釈してしまう人です。

一方、「はーい！」と手を挙げられる人は、シンプルに「やりたい人が手を挙げていいんだ」と捉えているのでしょう。

そう、そのメンタルがうらやましいんですよねえ。

うらやましいんですね。……ということはそれ、ホントは自分がやりたかったんじゃないですか？

あ……！　言われてみれば、そうかもしれません。そうか、やりたかったから、根に持っちゃってるのか。

たとえば、もし上司が「自信はないけどやりたい人〜？」って言ってたらどうします？

即、手を挙げます！　そっか、僕は不安を受け入れてもらったうえで挑戦したいんだな。

そういうことみたいですね。自分のホンネを知って、これからはどうしてみたいですか？

う〜ん。「自信はないんですけど」とか「経験ないですけど」って言葉を添えたら「やりたい」って言えるかも……？

「失敗したときに責任を感じるから」と臆《おく》してしまう人は、その責任感を「出し入れする信念」として扱うのもおすすめです（P31参照）。

「仕事には責任感を持って臨まなければならない」というもともとの信念に加え、たと

えば**「チャンスをつかむためには多少無責任になっても構わない」**という信念を持ち、場面によって切り替えてはいかがでしょうか。

もうひとつ。上司からすれば、「ほんとうはやりたい人」も「やりたくない人」も、手を挙げなければみんな「やる意思のない人」に見えます。部下のことを知るのは、上司の大切な仕事。**意欲や興味を表明するのは上司のためにもなる**んです。

上司のためにも手を挙げてみる、は目からウロコかも！　まずは「やりたい」の意思表示からはじめてみようかな。「自信はないけど」の言葉を添えつつ。

がんばったのに褒めてもらえなくて…モヤモヤ

部長！企画書の確認をお願いします！
おう
昨日徹夜でねり上げた企画…部長なんて言ってくれるかな！…
すごいぞ！さすが！
問題なし
あとは進行頼んだぞ〜
えっ…それだけ…？？

子どもじみてるかもしれないけど、仕事でも家事でもがんばったときは褒めてよって思うし、やっぱり「すごい！」「さすが！」って言われたい。

仕事、褒めてもらいたいです!!

ふふふ。ストレートでいいですねえ！

いい仕事ができたときは、「このアイデアおもしろいね」「すごいよ、君」「さすが」って言われるのを期待して提出するんです。だから「おう、おつかれ」だけだと、正直がっかりします。こんだけがんばったのに……って。

うんうん、わかります。力が込もってたんですね。

これは意外と気づけないことなのですが、**自分のがんばりは相手からは見えていません**。資料を10分でつくったのか5時間かかったのかはわからないし、一生懸命ブラッシュアップしたとして、もとの状態を相手は知らないのです。

努力やプロセス、「どれだけ心を込めたか」は自分しか把握できない情報。

それを踏まえて、**「褒めてほしい！」と思うくらいがんばったんだなと、自分を認めてあげる**のはいかがでしょうか？

それはそうかもしれません。……うーん、でも、いい仕事をしたら褒めてもらいたいです。「いいね」って言われない仕事＝「よくない出来」だと思ってしまうんですよねえ。

「褒めて」とは伝えないんですか？

「そう言われたから褒めてるんでしょ」ってなりそう……我ながらめんどくさいですが。あと、褒められることを動機にするって、なんだか「悪いこと」な気がします。

そんなことないですよ！

「自分は褒められることをエネルギーにしている」と自己理解できていれば、その感情に罪悪感を持つ必要はありません。あるアメリカのインタビュー番組の司会者が言っていたことですが、どんな大物でも収録が終わった後は必ず「よかった？」と聞くそうです。**人間は、「よかった！」と言ってほしい生き物**。関係性の中で生きている以上、それは仕方ないことです。だから、「褒められないのはつらいことだ！」と思いきり認めてみてはいかがでしょうか。

へええ。褒めてほしいって気持ちは、悪いものじゃないんだ……。

そうです、そうです。読者の方も、ぜひ「あーあ、褒められたかったな～！」と口に出してみてください。言葉にして自分の気持ちを肯定してみると、不思議とスッキリするものですよ。

エネルギーのポートフォリオ

褒められたいから頑張る！
お金のために
楽しいから
見返したいから

とはいえ、たしかに「褒められなくてもやりたいこと」を持っておくことは大切です。エネルギーのポートフォリオがあるとして、「褒められる」以外にもエネルギー源がないと、モチベーションが他人次第になってしまいますから。

この「やりたいこと」は具体的な仕事でもいいですし、「楽しさ」「怒り」といった感情でも構いません。**「褒め」に左右されないエネルギー源をいくつか持っておく**と、褒められない環境でも安定して仕事に取り組めます。

ただし……**会社員の場合はあえて「褒められポイントをさぐる」のも、ひとつの道。**「仕事がデキる」と言われる人は、このツボを突いているとも言えます。自分の会社や部署は「何を褒めるのか＝何を評価するのか」を知っておくことは、組織人としては大事な視点なのです。

飲み会の誘いを断れず…クタクタ

今夜飲みに行こうぜ
みんな来るぞ
え…
今夜ですか…
次の日に疲れが残っちゃうのよね…
そもそも飲み会あんまり好きじゃないし…
でも…上司もいるし行っておいたほうがいいのかな……
はい行きます
疲れた…今度からは断ろう…
って思うのももう何回目だろ…

今日の誘い、断ればよかったな～疲れた～。
……と毎回のように思うのに、なかなか断れない。
不毛な時間を繰り返す自分、ほんとダメだなあ。

職場の飲み会って、行く意味はあると思うんですよ。頭ではわかってます。でもやっぱり疲れるし、「次は断ろう」って思います。そう、いつも思うんです……。

決意しては流され……なんですね。どうしてそうなっちゃうのか、考えてみましょう。

なぜ、「断りたい」と思っているし、毎回後悔までしているのに、誘いを断れないのか。ひと言で説明すると、**「断るのはよくない」という思考に囚《とら》われている**からではないでしょうか。

つまり、「断らないこと」にメリットを感じているから、行ってしまうわけです。

そういうことなら、いっそ**「断りたいけど行こう！」と割りきるのもひとつの手**です。「せっかく誘ってもらえたし……」「行ったら楽しいかも……」と自分をごまかすのではなく、まずは**断りたい自分を認めてしまう**。「行きたくない！」という自分の気持ちを認識する。

そのうえで、「断らないことで得られる（かもしれない）メリットのために行くんだ」と腹をくくって、理性で参加してしまうんです。そうすれば迷いも減るし、帰り道でモヤモヤすることも減るはずです。

たしかに、行きたくない飲み会を断ったときも微妙に後悔するのは、どこかで「行ったほうがいい」と思ってるからなんですよね。これでよかったのかな、自分がいないところで悪口言われてないかな、と不安になったり。

ユータヌキさんは「これでよかったのかな」を、「自分はどうか」ではなく「相手にどう思われるか」で考えてしまうんですね。

「これでよかったのかな」という問いに自分自身が答えられないと、**相手から「よかった」とリアクションがあったときにしか自分の行動を肯定できなくなってしまいます**。それだと、相手次第で自分の気分も左右されてしまいますよね。

だから、「悪口言われてないかな?」と思っても、「でも、断ったおかげで疲れずに済んだし」「でも、気になってたドラマもチェックできたし」と、実際に起こったよかったことに意識を向けてみましょう。「これでよかったな」と唱えてみる。

誘いを断って「よかった」。……あれ、それって「自己中」とは違うんですか?

そもそも「自己中」度合いは評価する人によっても違います。たとえば自社の利益をいちばんに考える社長がいたとして、その人は自己中ですか？　むしろ社員からは、頼りがいのある人物にうつるのではないでしょうか。**本質的にはみんなそれなりに自己中だし、みんなそれなりに人に寄り添っている**んです。

　ただ、ユータヌキさんのように「気にしすぎ」な人は、もう少しだけ自分の気持ちや感じたことを優先して、自分の「いい」をもっと増やしてみる意識を持つといいんじゃないかと思います。

これはつまり、「**もっと好き嫌いしていいよ！**」ってことです。極端な話、社会的には「親を嫌いになってはいけない」という空気がありますが、嫌いになってもいいんですよ。自分が抱いた気持ちは、間違いなく自分のものなんですから。

「自分にもいい顔をする（P97）」の、忘れないようにします。

未完成の仕事を人に見せられなくて…ズルズル

中途半端なものを出すのは、抵抗がある。「もう少しよくできるはず」と思うから、拙《つたな》い途中経過を見せたくない！

漫画を描くとき「できてる分までいいから出して」と言われても、もう少しよくなるかも……と思って出せないんですよね。未完成のものを見せるのは恥ずかしくて。

世間では、そういう「60点で出せない新入社員」がけっこう多いらしいですよ！　そのためらいには、ふたつの原因があると思います。

ひとつが、**無能だと思われる不安**。

とくに新人さんは、はじめのころ、品定《しなさだ》めされているように感じるものです。この新人は有能なのか無能なのか「お手並み拝見」されていると感じて緊張するし、仕事ができない姿やダメな資料を見せることに、恐怖心を持ってしまう。

自分を守るために、ジャッジの時間をぐずぐずと先延《の》ばしにしてしまうわけです。

でも、そうすることで上司は困るし、逆に評価が下がってしまいます。悪循環なんですね。

そんな人におすすめなのが、「仕事ができる」の概念を替えてしまうことです。

概念を替える……？

「『仕事ができる』とは完璧なものを見せることである」から、**『仕事ができる』とは、無能な状態をさらして人に頼れることである」**と、自分の中の定義を書き換えてみるんです。

この言葉を唱えると、「まだ未完成なんですけど見てください！」と言いやすくなりませんか？　しかも、そう言うことで上司も安心するし、かえって信頼されるようになるんですよ。

なるほどな～。僕の場合、ネームで詰まったとき、ウジウジ悩まずに相談するのを「仕事ができること」「いい作家」だと捉えるようにすればいいわけか。ちなみに、もうひとつの原因はなんですか？

「完璧主義」です。シンプルに、自分に厳しいタイプですね。

このタイプは、**「自分は完璧が好きなんだな」と自覚して、「でも、それだと『仕事が遅い』という悪い評価を下されるんだな」と気づくことが第一歩**。そのうえで、自分の活かし方を考えてみるといいでしょう。

たとえば、小さな完璧をつくってみる方法。

具体的には、**途中経過を小《こ》分《わ》けにして「各ステージの完璧」を設定してみる**のです。

資料なら、「全体の流れをざっくり組み立てるところまでが、第1ステージの100パーセント」として、その段階で上司に見てもらう。

自分の完璧主義を否定するのではなく、ゴール設定を変えてみましょう。

いきなり全ステージの完璧を目指すんじゃなくて、各ステージの完璧を目指していくんですね！　ゲームみたいに取り組めそう。

そうそう。自分なりには100パーセントのものだから、途中経過をチェックしてもらう心理的ハードルも下がると思いますよ。上司にそう説明してもいいかもしれませんね。

ちなみに、完璧主義の人は「ちょっとだけ手をつけること」が苦手だったりします。「半分だけでも食器を洗っておこう」とか、「お風呂の扉だけきれいにしよう」ができない。

そんな人は、ここでご紹介したような考え方を応用すると、「ひとまず扉だけカンペキ！」をよしとできるようになるかもしれません。

後輩にも妙に気を遣《つか》ったり遠慮したりして…ウジウジ

できました！資料確認お願いします！
はーい！チェックするね
うーん…このグラフ間違ってる…それに文章わかりづらい直さなきゃ…
けど……
オッケー大丈夫！
また何かあったら言ってください
言わなきゃ…けど言ったら落ち込むよな…
こっちで修正しとこ
ビーーッ…

後輩や部下。自分が教える立場なのに、なぜか堂々と指摘できないし、へらへらしたりオブラートに包んだりして疲れてしまう。

後輩に「ここ違うよ」「こうしなよ」って言うのが苦手なんです。後輩が育たないのはわかるんですが、落ち込ませたくなくて、結局自分が全部やっちゃいます。

ほうほう。相手の仕事を否定することで、傷つけてしまうのがイヤなんですかね？

そうなんです。指摘したり注意したりすることに、後ろめたさがあるのかも？

逆説的に聞こえるかもしれませんが、**「傷つけてしまうかも」と怯《おび》えたり思いやれたりする人は、自分が持つナイフの危険性をよく理解している**と言えます。自分が使おうとしている表現や伝え方、態度などが、相手の心をグサグサ刺すものだとわかっているのですから。

でも、そこに気づけたのであれば、もう大丈夫。ナイフの使い方や「ナイフを使わない方法」を考えればいいだけです。伝える前に内容を整理して、表現に気を配れば、きっと傷つけることはなくなります。

なるほど、ナイフかあ。……あ、今ふと思ったんですが、「傷つけたくない＝イヤな先輩や上司だと思われたくない」のもあるかもしれません。自分勝手なんですが。

ふむふむ。ユータヌキさんは、どんなふうに思われたいんですか？

うーん、「勉強になったな」とか、「またこの人に意見をもらいたいな」とか？　うん、やっぱり頼られたいし、話しやすい関係性でいたいです。

では、その思いを叶えられる先輩や上司は、どんな伝え方をしそうですか？

ええと。頭ごなしに叱《しか》るんじゃなくて、こうしたほうがよくなるかもとか、こういう事例があったとか、納得できる説明をしてくれそうです。

うんうん。それなら、そういう説明を意識できるといいですね！　それこそが、「ナイフを使わない」ということではないでしょうか？

フィードバックの方法としておすすめなのが、「いい」「悪い」ではなく**「目指すゴールにどうすれば近づけるか」という視点から伝える**こと。

ゴールを共有したうえで、「今から言う指摘は好みではなく、ちゃんと根拠があるんだよ」と伝えると、経験の少ない後輩や部下でもすっと飲み込めると思います。

また、そもそも先輩や上司が「傷つけるかも……」「嫌われるかも……」という不安を包み隠したコミュニケーションをするから、さぐり合いになってしまうとも言えます。

だから、次のように自分の素直な気持ちを伝えるのもひとつの方法です。

「思ったことを伝えたいけど、上手に伝えられるか心配なんだよね」

「落ち込ませちゃうかもしれないから不安だけど、大切なポイントだから言うね」

こうして気持ちを共有することで誤解されにくくなりますし、先輩（上司）であるあなたも、ほんとうに自分が納得したことだけを言おうと心がけられるでしょう。

さらに、**ポジティブな気持ちを素直に伝える**のもおすすめです。

「期待してるよ」「ここの部分はすごくよかった」「仕事が早くて助かるよ」といった言葉を添えるだけで、相手も「自分のために言ってくれてるんだな」と受け止めてくれるはずです。

あと、まず部下や後輩が気になっている部分を聞いて、そこを中心に教えてあげるのも、ミスマッチが減ると思いますよ！

試してみます！　まずはナイフの使い方を工夫したり、不安を伝えたりしてみよう。そもそも指摘されて傷つくっていうのも僕の思い込みで、指摘されたら喜ぶタイプかもしれませんしね。コミュニケーション、もっと取ってみます。

止まっている仕事、触れたくないけど心配で…ソワソワ

そういえば…
部長
そろそろあの企画の特設サイトつくろう！
あの話ってどうなったっけ…
あれって今だれか動かしてる？
あー…
僕も気になってはいたんですけどノータッチです
そっか…けど絶対早くつくったほうがいいよな…
やろうかな…いや…そんな余裕ないな…
部長に言ったら「じゃあ頼む」って言われそうだし…
忘れよう思い出さなかったことにしよう
僕は何も気づいてない…
いや…でもなぁ…

みんなで「やろう」って言ってたけど宙ぶらりんの仕事。
もしかして自分しか気づいてない？
気になるけど、それで自分だけ忙しくなるのもイヤだなぁ。

会議で一度「やろう」とまとまったのに、結局だれも担当していない仕事にモヤモヤしがちです。じつは、それを拾って大変な思いをしたことがあり……。それ以来、「落ちてる仕事」は見て見ぬフリをするようになったんですが、大丈夫かなって気になって。

なるほど。それって、そもそもだれの仕事なんですか？

うーん、具体的にはまだだれのものでもないんですけど……。

うんうん。きっと、そこがポイントですね。

事実として、その仕事はまだ「正式な仕事」になっていないし、当然ユータヌキさんの担当ではありません。

でも、ユータヌキさんが見つけた瞬間、ユータヌキさんの中で**「正式な仕事にすること」**と**「自分が担当になること」をイコールで結びつけてしまっている**んですよね。だからみんなに知らせたくないなと思ってしまう。

でも本来、「正式な仕事」になったとしても、それはチーム全体のタスクになるだけです。「発見者」として責任を感じる必要はないので、提案してはいかがでしょうか。「チームとして正式に進めたほうがいいと思うんだけど、みんなはどう思う？」と。

そもそも**声をかけないと、その仕事のほんとうの重要度はわかりません**。もしかしたらユータヌキさんが「やらなきゃヤバくない!?」と焦っているだけで、ほかの人の目線で見たら後回しにしてもいい仕事かもしれないのです。

　チームにとってどれくらい大切な仕事なのかを知るためにも、「見て見て、こんなところに仕事が！」と声を上げたほうがいいのではないでしょうか。


それでいうと、だれも手をつけていない時点で緊急度は低いんですよね。それを議題に挙げたら「余計なこと言うな」「仕事増やすな」って煙たがられそう。でも、そういう仕事ほど未来のために育てておいたほうがいい、という経験則もあり……悩ましい～。


「緊急度と重要度のマトリクス」ですね。

　このマトリクスの**「重要度は高いが緊急度が低い」マス**って、**ひとりで取り組むと苦しいところ**なんです。短い時間で結果が出ないから、ひとりでがんばっても「何やってるの?」「先にやるべきことあるでしょ」となりがち。みんなが「やるべきだよね」と共通認識を持ったうえで取り組まないと、ユータヌキさんが経験したとおり「大変なこと」になると思います。

　声を上げることで、「すぐに取り組もう」となるか「今は売上を立てたいから後で」

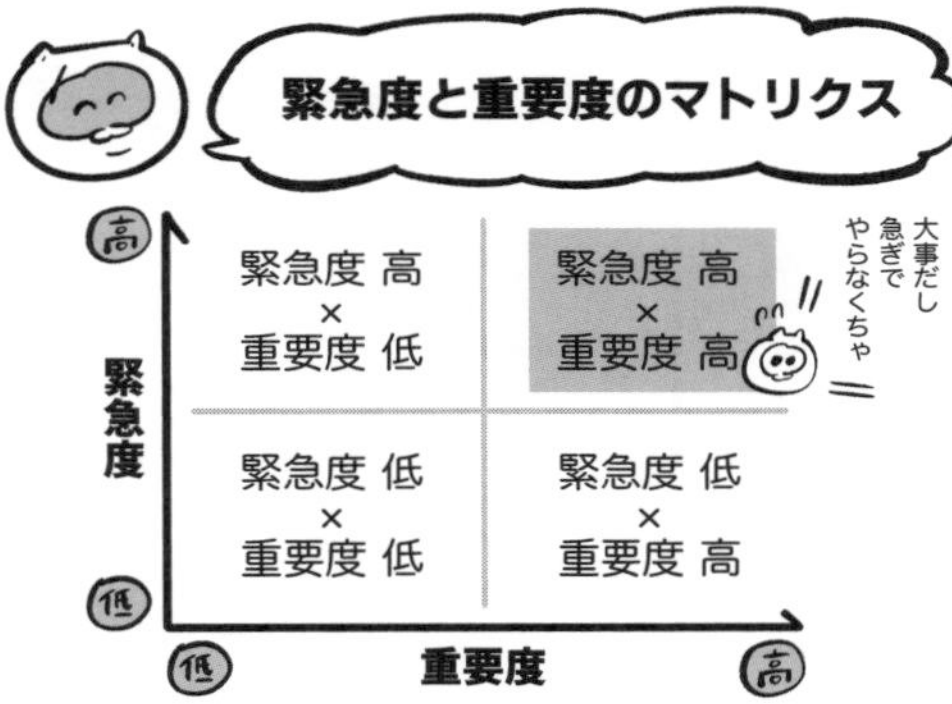

となるかはわかりません。でも、少なくとも「見て見ぬフリ」からは解放されますよ。

たしかに、**「落ちてる仕事」から「置いておく仕事」に変える**だけでも、気持ちはずいぶん違いますね。

でしょう？　気づけるって才能ですし、そういう人がいるのはチームにとってありがたいことのはず。チームのためにも、「みんなの仕事」にしてしまいましょう！

「手柄《てがら》泥棒」されて…モヤモヤ

これひとりでつくったの!?すごいきれいにまとまってる!完璧〜!
やった!先輩から完璧いただきました〜!
よかったー!!
早速部長に報告しに行こっか!
はい!
なんて言ってもらえるんだろ…!
資料つくってきました!
!
おお!早い!さすがだな!
完璧だ!いいチームだなー!
たしかにチームの仕事なんだけど…それはわたしがひとりでつくった資料…

自分が教えたことを、ほかの人に自慢げに言っていた。
自分のアイデアを、チームのアイデアにされた。
文句を言うのも心が狭い？　でも、しばらく引きずっちゃう。

ほとんど自分がやった仕事を「チームの成果」にされると、「ム～？」となります。でも、「それ、自分が！」って主張するのもかっこ悪いというか……。

でも、実際にユータヌキさんががんばったわけでしょう？ それは悔しいですよねえ。

人は、周りに影響を与えたり、役に立ったりしたいものです。「あなたがいたから」「あなたのおかげで」という言葉はエネルギーになりますから。

そして、そうした成功体験を積み重ねることで、「自分ならできる！」と思える「自《じ》己《こ》効《こう》力《りょく》感《かん》」を育んでいけます。

自己効力感を高められないとストレスになるし、やる気を失ってしまうもの。

だから、「あなた」から「チーム」に主語がうつるのが不愉快なのは、当然なのです。

まさに、内心「僕が昨日徹夜したのに……」って思って褒められ待ちするの、すんごいストレスです。ちゃんと評価されたいなあ。ＭＶＰだって認められたい！

すごくわかります。一方で、これってとてもむずかしい問題なんですよ。解決方法がないんです。

ええ～？

チームの成果は自分のがんばりによると認めてほしいのであれば、それを上司に伝え、実際に讃《たた》えてもらわなければなりません。でも、「気にしすぎな人」がそう伝えるのも、他人を思いどおりに動かすのも、現実的ではありませんよね？

だから、「あれは自分が……」とモヤモヤしっぱなしでメンタルが削られてしまうような仕事なら、思いきって活躍の場を「変える」のもひとつの方法です。「そんなことで転職活動していいのかな？」と思うかもしれませんが、**自己効力感を失ってしまう場から逃げるのも、自分を大切にするアクションのひとつ**ですから。

「仕方ない」か「逃げる」の二択なのかあ。

ただ、視点を変えてみると気持ちが切り替わるかもしれませんよ。たとえば、「チームは持ちつ持たれつだし」と考えてみるとか、**「ひとりでここまで仕上げられるようになるまでに、どれくらいの人の力を借りたんだろう？」**と考えてみるとか。

えーっと？「入社時に研修を受けた」「前の案件では先輩にみっちり指導してもらった」「パソコンやソフトを支給されてる」……そっか、ほんとうにひとりでやったのかを考えると、そうでもないかも。お金も時間もかけてもらってるもんな。

ね？ あとは、そのモヤモヤを「配慮」に回すのはいかがですか？ つまり**明らかにMVPの人がいた場合、ちゃんとみんなの前で讃えようと心がけてみる**。とくに先輩や上司の立場にいる人は、気を配ってあげるといいのではないでしょうか。そうすることで、**「MVPを讃える文化」**をつくることができるかもしれませんよ！

また、似ているところでお店や音楽、本など、「自分がすすめた相手が自慢げに他の人に紹介していた」問題について。「人にすすめたい」という思いより、「自分が紹介した」という前提のほうに重きを置くと、たしかにモヤモヤしてしまいます。

その思いにふたをする必要はありませんが、「相手に文句を言って訂正してもらう」選択肢がない以上（これはかなりハードルが高いですよね）、これもまた、考えても仕方ないところでもあります。

だから、不本意でしょうが、**「きっと忘れちゃったんだな」「自分もだれから聞いたか忘れることもある」「記憶の温度差があるのは仕方ない」**とあきらめるしかありません。「いい」と思ったことに変わりはないんだと、自分の感覚を誇らしく思いつつ。

YUTANUKI'S COLUMN

ネガティブの中のポジティブ

「吉本さんは、ポジティブな感情を感じにくいようですね」

これは中山さんにEQ（感情知性）コーチングを受けたときに言われた、衝撃の一言。たしかに僕は昔から自他ともに認めるネガティブ人間で、うれしいことがあっても「いや、でも……」となって喜べない、めんどくさい性格です。これまでの人生でポジティブな感情をいくつも取りこぼしてきたんだなあと苦笑いしてると、中山さんから希望の一言が。

「EQは、自分次第で変えられますよ」

な、な、なんと！　それなら変えるしかない！　……いや、でも、それってネガティブをポジティブに無理やり変換させて、自分をごまかすみたいでちょっとイヤかも？

そこで思いついたのが、**「ネガティブな出来事の中のポジティブをひとつ見つける作戦」**です。今まで「ポジティブな出来事の中のネガティブ」に注目して落ち込んでたけれど、その逆に挑戦してみることにしたんです。この先、このままポジティブな感情を感じにくいなんてツラすぎるから。

そう意識してからは、編集者さんから漫画のダメ出しをもらって落ち込んでも「いや、でも……これは苦手ってわかったぞ」「いや、でも……今指摘してもらえてよかったな」「いや、でも……楽しく描けたし」と、前向きな気持ちをひとつ抱えて再チャレンジできるようになりました。

この「ポジティブ」は、自分がホントに感じたこと。無理やり変換した「強引ポジティブ」じゃないから、すごくラクです。まだまだ僕も練習中ですが、いつか自然とポジティブな感情を持てるようになりたいなと思ってます。

PART 3

自分に対して、気になります。

ついキツい言い方をしちゃって…モヤモヤ

洗濯物畳んでおいたよ
えっ!!
ちょっと待って！
だから…Tシャツは丸めてって言ったじゃん
こっちのほうがかさばらないと思って…
シワつくのがイヤなの…！
ガミガミ
ガミガミ
だから何回同じこと言えば覚えんの？時間のムダだわー…
ごめん…
しゅーん…
あっ…
またキツい言い方しちゃった…

「ちゃんと伝えなきゃ」と思って言葉を尽くしたけど、
あれ、もしかして言いすぎた？
なんだか自分、悪者《わるもの》みたい……？

そのときはただ真剣に伝えたつもりだったけど、後から「言い方がキツかったかも」って罪悪感を抱いたり、どんよりした気持ちになったりします。……中山さんはお察しだと思いますが、僕ではなく知人から聞いたモヤモヤです。

ですよね！「気にしすぎな人クラブ」代表らしくないと思いました。

僕はどちらかというと、強く言われて傷つく側ですねえ。だからこそ、相手がイヤな気持ちになることはなるべく言わないように心がけている、かな？

部下や友だち、家族に対して、必要以上にキツい表現を使ってしまう。これは自分が思い描いていた状況になっていないとき、**「期待外れであること」をなんとか相手にわかってもらいたいという願いの表れ**と言えます。

しかしじつのところ、キツい言い方は「コスパ」の悪いコミュニケーション。いくらキツく言っても、自分が思うような結果は得られにくいのです。

なぜかというと、攻撃的になると脳は興奮してしまうから。

「叱る」「正しさを盾《たて》にして叩く」「理屈で詰める」などはとても強い欲求で、脳に刺激を与えてくれるからです。

だから、感情のままに「ワーッ」とまくしたてているときは、ただ気持ちよくなって冷静に考えられなくなる。解決への糸口をさぐるほうに、意識が向かなくなる。

結果的に「ほんとうはこうしたい」を適切な言葉できちんと伝えることができず、状況はよくならない、というわけです。**自分の憂さ晴らしに時間と相手を使っている**とも言えます。

怒りをぶつけるのって、そんなに気持ちいいものなんですね！

攻撃的になっているときは、脳がジャックされている状態だと考えるといいでしょう。でもね、「感情は自分で選べる」ということを知っておけば、イライラしそうになっても落ち着いて話せるかもしれませんよ。

感情を、選ぶ……？

相手を責めたい衝動を感じたら、まず「いやいや、怒り以外の感情を使うぞ」と決めましょう。「コスパも悪いし」と自分をなだめる。

そして、**「なぜこの人を攻撃したくなったんだろう」**と自分に問うてみましょう。

相手に何を期待していて、その気持ちをどう裏切られたのかを整理する。相手の行為を責めるのではなく、**これから「してほしいこと」や「守ってほしいこと」を冷静にお**

願いするのです。

ここが責めどころだと言わんばかりに感情を乗せると、相手はきゅっと心を閉ざしてしまいます。「早く終わらないかな」と思うし、その後も叱責《しっせき》の中身は残らず、「怒らせちゃったな」「イヤな時間だったな」といったネガティブな感想が残るだけ。「自分を変えよう」とは思ってくれないわけで、こちらとしても肩すかしな結果に終わります。

僕も、「イヤな言い方だったな」と思うと、もうその人と話し合いたくないなと思っちゃいます。攻撃的になることで、解決のチャンスも逃してしまうし、相手からも悪く思われちゃうんですね。めっちゃソンだ。

そうそう！　結局、自分の願いも叶えられなくなるわけですよ。自分勝手に聞こえるかもしれないけれど、**自分の願いを優先することを忘れちゃダメ**です。

一緒にいいゴールを迎えるためにも、おだやかさ、大切ですねえ。

雑談がまったく盛り上がらず、気まずい空気に…アセアセ

タケル遅れるって
えっ…そうなんだ
どうしよ…
うわー…なんにも話題が思いつかない…
けど無言で待つのも気まずい…
何かしゃべらなきゃ…天気の話…いや…おもしろくないよな…
おまたせ！元気？最近どう？
元気だよけど最近うまくいってなくてさ…
どうした？よかったら聞かせてよ
それがさ〜ああで…こうで…
盛り上がっていいな…

エレベーターの中や、初対面の打ち合わせ。
天気の話が済んだら、しーん……。
おもしろい話もいい質問もできない自分、つまらないなあ。

何げない雑談ができないんです。がんばってしゃべってみても、話がはずまなくて気まずい空気がひゅるり……。それで僕はついスマホを触っちゃうんですが、それだと相手に興味を持っていないみたいで申し訳なくて。

コミュニケーションって言葉だけではないのに、「うまく話せない」だけで「興味がない」ことの表明になってしまうのはつらいですよね。ではまず、ユータヌキさんが「気まずい」と感じたときのことを振り返ってみましょうか。そのとき、興味の矢印はだれに向かっていました？

えっ……？　それはもちろん相手で……。あれ？

そう、**「気まずい」という感情には、「自分がどう思われるか」という恐れが隠れています**。「相手と」何を話そうではなく「自分は」何を話そうかと考えているし、「つまらない人間と思われてしまうかもしれない」と自分のことを心配している。

じつは、**「なかなか会話が続かない」と感じている人は、うまく相手に興味を持てていない**と言えるわけです。

うわあ、たしかに……。思い返してみれば、心から聞きたいことがあるときは自然と話

せてるかも。

そういうときって、相手のことだけを考えられますよね。「ボリビアで寿司職人になって、大統領に寿司を握っていたんです」って人がいたら、何もかも気になるでしょう。

うん、いくら時間があっても足りないですね。

とはいえ日常で出会う人に、そんなドキュメンタリー番組の登場人物のような経歴の人はなかなかいません。だからこそ、**些細《ささい》なことに興味を持とうとする姿勢がないと、その人のおもしろさを見逃してしまう**のです。

おもしろさとは、自分との「違い」の中にあるものです。

でも多くの人は、「ボリビアで寿司を握った話」と比べて「朝ご飯に食べたもの」などの自分との小さな違いを軽視してしまいがち。でも、そんな自分のクセに気づければ、意識的に興味を持つことはできます。

雑談は、「他人と自分の違いさがしゲーム」。軽い情報交換の気持ちで、気軽に質問してみてはいかがでしょうか。

なるほどなあ。でも、なんでそんなこと聞くのって顔されたら余計に気まずいかも……。

その反応自体が、相手と自分の違いではないですか？　たとえば、相手がイヤがることを見つけられたらそれも「情報」で、それ以降はその話題で相手を傷つけないように気をつけることもできます。リアクションですら、相手を知るヒントになるんですよ。

相手がイヤがることも喜ぶことも、まずは情報交換しないとわからないのか。それは大発見かも！

　もしうまく話題や質問を振ることができなくても、「この人はこの沈黙の中、どんな気持ちでいるんだろう？」と観察するのもひとつ。**興味を自分から引き剥《は》がすだけで、コミュニケーションのスタートラインに立てた**と言っていいと思いますよ。

　そしてこれは最後の手ですが……どうしても相手に話しかける内容が見つからなかったら、「自分はこの人にほんとうに興味がないんだな！」と納得して、静かにしておきましょう。自分をより深く知ることができたと考えれば、まったく悪いことではありません。

相手と自分の小さな違いに興味を持って、言葉にしてみる。質問に対する反応も情報だと楽しむ。どうしても興味が持てなかったらあきらめる。……なんだか、次の気まずいシーンが楽しみになってきました！

謝ろう、連絡しようと思うのに、気が進まなくて…ウジウジ

山下 @yama000
昨日、結婚しました！
ヤマシタ結婚したんだ！
「おめでとう」ってコメントしたいけど…
5年前のケンカ以降、連絡取ってなかったな…
謝って「おめでとう」って言おう
「あのときごめんね…」
いや…今さら許してもらえないよな…
それに僕に祝われても別にうれしくないよな

あのときのことを謝りたい。連絡しないとモヤモヤは消えない。
それはわかっているけれど、なんだか腰が重い。
そしてまた連絡できずに時間だけが過ぎていく……。

仲直りってむずかしくないですか？　もう一度仲よくできたらいいなって思うし、スッキリさせたい気持ちはあるのに、なぜだか腰が重くって……。

ノドに小骨が刺さったような気持ち悪さがあるのに、どうして行動できないのかってことですね。自分の気持ちをもう一度見つめてみましょう！

「やらねば」と思ってはいるのに行動にうつせないときは、**「やること」よりも「やらないこと」にメリットを感じている**ことが多いものです。

今回の場合は、連絡を取って関係を修復したい一方で、そうしないことによって得られるメリット、言い換えれば「行動することで得るデメリット」があるのでしょう。たとえば、「今さら連絡を取っても、否定的な反応をされるかも」「無視されるかも」と考えている。

メッセージを送らなかったとして、多少モヤモヤしつつも生活に影響はありません。だから、イヤな気持ちになってまで自分の思いを果たそう、とは思えていないわけです。

そんなときに思い出してほしい問いは、**「今は当時とまったく同じ状況ですか？」**。

たとえば5年前にケンカ別れをしていたとしたら、「5年もあったんだから状況も変わっているだろう」「自分と同じように、あの人も成長しているだろう」と変化を信頼する。楽観的に行動してみてもいいのではないでしょうか。

それに、万が一イヤなリアクションをされたとして、明日のユータヌキさんは後悔していそうですか？

う〜ん、「謝りたい」って思いは果たせたんですもんね。傷つくかもしれないけど、抱えていたモヤモヤはいったん終えることができる。モヤ仕舞《じま》いできるから……うん、後悔しないと思います！

うんうん。身もふたもないことを言えば、もともと気まずい関係だった相手から拒絶されても、関係性は変わりませんしね。

また、**「できないこと」に対峙《たいじ》してモヤモヤしやすい人が見誤りがちなのが、自分が必要とするエネルギー量**です。

人に謝ることは自分にとって富士山に登るくらいのエネルギーがいるのに、それを高《たか》尾山《おさん》くらいに認識していると、いざ麓《ふもと》にやって来ても登れません。必要な装備も心構えもまったく違うから、「無理そうだし帰ろう」とUターンしてしまう。

「やりたい気持ちはあるんだけど行動できない……」とクヨクヨしてしまったら、自分

思ってたんと違う…
ホントの山頂
想像してた山頂

が必要とするエネルギー量をあらためて測定して、「これって自分にとっては大変なことなんだな」と認識し直してみるといいでしょう。

なるほどなあ。それに、後回しにすると、どんどんエネルギーの消費量も大きくなる気もします。謝りたいって思ったそのタイミングが、ベストタイミングなのかも。

そうそう。結局、夏休みの宿題みたいに、早く手をつけたほうがラクなんですよね。

何かをはじめても、すぐモチベーションが切れて…ガックリ

うぅ
ウォーキング行かなきゃ…
けど寒い…
あったかくなったらまたやろ…
目指せ体重マイナス10kg
毎日ジョギング30分!!
また3日も続かなかったな…ハァ…

ジムは続かないし、植物は枯らしてしまうし、張りきって買った調味料は賞味期限切れになりがち。コツコツ型の人と比べて、自己肯定感が下がり気味……。

よく3日坊主って言いますが、僕の場合は3日にすら届かないことも多くて……。自分で決めたことを達成できないと、ホントにダメ人間だな～って落ち込みます。はあ。

いやいや、待ってください！　そんなに自分を責める必要なんてないですよ！

そもそも「続ける」というのは、みなさんが思っている以上に、とてもむずかしいことです。**自分の意志で申し込んだ継続講座ですら、20人に1人しか最後まで続けることができない**と言われています。

お金の面でソンをしても、途中で挫《ざ》折《せつ》してしまうのです。「はじめたら続くもの」だと勘違いしているから落ち込んでしまいますが、どれだけ本気を出しても続かないのが「ふつう」。**1日でもできたら「すごい！」と自分を褒めていいし、2日できたら「天才！」と自信を持っていいくらい**だと思います。

それまでやったことがなくて「ゼロ」だったのが、やってみたことでとりあえず「イチ」になるわけですもんね。たしかに、それだけでもすごいことかも……？

そうでしょう？

「アグレッション」という言葉を聞いたことがあるでしょうか。日本語で言うと「責めること」で、「他人に原因を求めるアグレッション（他責）」と、「自分自身に原因があると考えるアグレッション（自責）」があります。

多くの人は物事がうまくいかないとき、どちらかの「原因」を考えます。原因を突き詰め、それをつぶせば次からうまくいくと考えるわけです。

でもじつは、**失敗の原因から改善点を見つけ出すのは、効率が悪い**。自分を傷つけるだけなのです。

ええっ。でも、反省とか振り返りって大事じゃないですか？

おもしろいことに、**「どうしたらできる？」**というふうに**「できる理由」を考えなければ、うまくいかない**んですよ。できない原因ではなく、できる方法を考える。成功をイメージし、そのための条件を考える。これが、「ビジョンを描く」ということです。

たとえば介護施設では、「どうすればお年寄りが転倒しないか？」を考えてもいい結果は得られません。その問いを突き詰めると、「なるべく歩かせない」となってしまうからです。一方で、問いを「上手に歩いてもらうにはどうすればいいか？」とすると、ポジティブなアイデアが浮かんできます。

「転ばない人」と「歩ける人」が違うのと同じように、**「『続けられない』を改善する人」と「続く人」は違う**のです。

反省するのではなくて、ビジョンを描く。知らなかった……！

もう反省も内省もしなくていいですよって言われたら、ちょっと元気になりませんか？

話を戻すと、「3日坊主になりたくない」のであれば、「なぜ続かないのか？」ではなく「3日続けるためにはどうすればいいか？」を考えるといいと思います。意志の力に頼らず仕組み化したり、自分へのご褒美を用意する、といった方法もいいですね。ユータヌキさんは、どんな「3日続く工夫」をこらしますか？

そうだなあ……まずは3日目をゴールにするっていうのはどうでしょう？　3日坊主を10回続ければ1ヶ月だなと思って。

そうやって目標を分割する方法は「シェイピング法」と言われています。自分でそれを見つけるなんてすごいじゃないですか！　「3日坊主×10回」、ぜひやってみてください。

何もかもめんどくさくて、だらしない自分に…ゲンナリ

ご飯つくるの
めんどくさーい
お椀に
移し替えるの
めんどくさーい
洗濯物も
畳まないと…
洗い物もしなきゃ…
あぁぁ…全部
めんどくさーい
ダメ人間だな…

だらしないのはわかってる。
だけど、お風呂も食事も着替えも掃除も、
やらなきゃいけないこと全てにやる気が出ない。

生活面でダラダラしてると、ラクしたくてそうしてるはずなのに、自分を責めちゃいます。ホントに自分ってだらしないな〜って。タスクの未達成感や、「こうすべき」を満たせないことで、罪悪感を抱えてしまうんですね。やったほうがいいのはわかっちゃいるけど……ってヤツです。でも、それってそこまで思い詰めなきゃいけないことでしょうか？

「生活」には、絶対の正解はありません。人によってルールもやり方も違いますし、とくにひとり暮らしの場合は100パーセント自分次第ですよね？

基本的には、**自分が「だらしなくていいや！」と思えれば、それで済ませていいはず**です。自分を責める必要はない。

でも、怠惰《たいだ》であることを「いい」と思えず、自分にダメ出しするようになると、心が重たくなってしまいますよね。そうなってしまうのであれば、行動を変えてみるしかありません。

どう行動を変えればいいんですか!?

「めんどくさい」に支配されそうなときは、**「それって何分かかる？」と自分に聞いてみ**

るといいですよ！「ところで、お皿洗いって何分かかるんだっけ？」って。つまり、もや～んとした「やらなきゃ」を、具体的に考えてみるんです。

たとえば、山のようにあふれ返った食器類。目にするとうんざりしてしまいますが、実際に洗いはじめたら10分もあればだいたい片づくでしょう。洗濯物だって、ひとり分なら5分あればさっと取り込めるし、たまったメールも1本あたり数分で返せるはず。ダラダラしたくて腰が重かったけれど、「とはいえ5分だよな」「YouTube1本分かあ」「パスタ茹でてる間に終わっちゃうよ」と意識するようになってから「めんどくさい」が克服できるようになったという方、けっこう多いですよ。

それ、めっちゃ使えそう！

「めんどくさい」って、物事の大変さを正確に捉えられていないときに感じやすいんですよね。

これは聞いた話ですが、宮崎駿さんの作品は遠近法の使い方が独特なんだそうです。背景にいる群衆を、正しい遠近法で計算したらずいぶん背の高い人間になるくらい、大

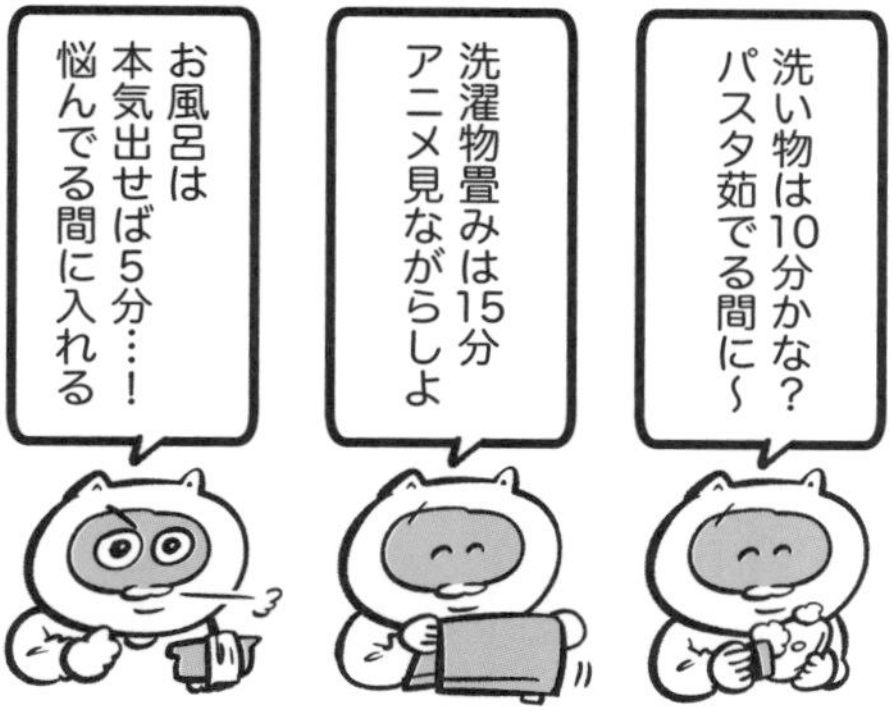
洗い物は10分かな？
パスタ茹でる間に～
洗濯物畳みは15分
アニメ見ながらしよ
お風呂は
本気出せば5分…！
悩んでる間に入れる

きく描く。そうすることで、実際に目で見ているような臨場感を感じられる効果があるそうです。実際の大きさではなく、「心の目にうつる大きさを描いている」と言えるのではないでしょうか。

これって、めんどくささと同じだと思いませんか？

「めんどくさい」の大きさを正確に認識できなくて、巨大なものと捉えてしまうんです。これが「めんどくさくて動けない」の正体なんですね。

そうと知っていたら、一度遠近法を正しく戻して、もともとの大きさに認識し直す——「5分だし」と、時間で捉え直すのがぴったりなんです。

切《せっ》羽《ぱ》詰まってるのに、全然違うことをしちゃって…モヤモヤ

よーーし！
今日こそ勉強やるぞ
オーッ
時間決めて集中する！
1時間後にアラームをセット…
ん
スマホの指紋汚れが気になる…
パソコンの汚れも気になってきた…
机も拭こうかな…
本棚ぐちゃぐちゃだわ…
本棚の場所変えてみよ…
また今日も勉強できず終わっちゃった…

テスト前。プレゼン前。切羽詰まっているはずなのに、いつもは気にならないあれもこれも気になって、すべきことに手がつかないまま、寝る時間を迎えがち。

テスト前とか締切前って、なんであんなに部屋の汚れが気になっちゃうんでしょうね？
衝動的に掃除をはじめて、いつも後悔するんです。

ふふふ。ずっと前からあったはずのカーテンの汚れが目についたりね。じつは、その現象には立派な名前がついているんですよ。

やらなければいけないことが山積みになったり、目の前に迫ったときに、しなければならない行動とは別のこと（しかも普段はやらないこと！）をはじめてしまう。

これは**「防衛機制《ぼうえいきせい》」と呼ばれる心理的メカニズムのひとつ**です。現実からささっと逃げてしまうことで、自分を守るわけですね。

「防衛機制」には「逃避《とうひ》」や「抑圧《よくあつ》」などいくつかの分類があって、さらに「逃避」の中には「現実逃避（テスト前に大掃除をはじめる）」、「空想逃避（テスト前に将来のことや夢について想像する）」などの種類があります。

また、「セルフ・ハンディキャッピング」といって、**自分が失敗したときの言い訳を無意識に用意する防衛機制**もあります。

テスト前にあえて大掃除をして自分への言い訳を用意するのも、テスト前に「ちっとも勉強してないよ～」と言って失敗したときの言い訳を周りに知らせるのも、いずれも

「セルフ・ハンディキャッピング」のひとつです。

いやあ、めちゃめちゃわかります。テスト前に漫画を全巻読んでしまう、というのも文字どおり「現実逃避」なんですね……。

ふふふ。「あるある」ですよね。

じつはこの「防衛機制」、**向き合うべきものが、自分にとってストレスだと認識できていないときに頭をもたげやすい**のです。「逃げ出したいくらいしんどいことに向き合おうとしている」と認めていないから、「その苦しみを受け止めてがんばろう」というステージに進めない。

無意識に苦しさから逃げ出したくなって、その逃避先として、せっせと掃除をはじめてしまうわけですね。

は〜、なるほど。「締切、しんどい！」と認めることがファーストステップなんですね。

そうそう。そこを認めて、「それでもやらなきゃいけないんだよな」と腹をくくることでしか、先には進めないんです。大変ですけどね。

「やだな〜」「やりたくないな〜」と認めてしまうと、よりしんどくなってしまうのではないかと思うかもしれません。

でも、**少なくとも「無意識にほかのことをはじめてしまう」という段階は越えられます。**「やるしかない」という現実に向き合えるようになるはずですよ。

そういえば……僕はあまり楽しめない仕事に対して、「お金のために受けちゃったな」と後悔することもあったんです。でも、家族が満足のいく生活を送るためにはお金も必要で。だから、そんな仕事のときは、できるだけ長い作業期間を取って毎日少しずつ進めるとか、朝の元気な時間にだけやるように工夫していました。

まさに「しんどい」と認めて、「けどやらなくちゃ！」と腹をくくって、その解決策を考えたわけですね！　すごくいいステップだと思います。

自分の意見がなかなか言えず…ウジウジ

私はA案がいいと思う
いやB案のほうがいいよ
どっちがいいと思う？
えええ…
わたしはA案がいいと思うけど
がかわいそうだし
機嫌悪くさせたらヤダな…
AもいいけどBも捨て難いよね迷うね～
どっちかが折れて平和に解決してほしい…

自分の意見がなくはないんだけど、
どちらかについて場の空気を悪くしたくない。
どう言えば丸くおさまるかばかり考えてしまう……。

僕、自分の意見を言うのが苦手なんですよねえ。仕事でもプライベートでも、話し合いっぽくなると、なるべくみんなの意見の真ん中を取ろうとしちゃって。

なるほど。……もしかしてですが、ユータヌキさん、物事を決めるのは「多数決」だと思い込んでいませんか？

たしかに多数決はフェアに見えますが、話し合いで何かを決めるときにはそれがベストとは限りません。数が多ければ正解なんて、そんな単純なものではありませんからね。

そこで、**自分の意見は「投じるべき1票」ではなく、あくまでひとつの「提案」**だと意識してみるとどうでしょうか？　物事は「1票」の積み重ねによって決めるものではないと知るだけで、気軽に「わたしはこう思う」と言えるのではないかと思います。

うんうん。ただ、自分が意見を言うことでどちらかが多数派になって、少数派の立場を悪くして、いじめみたいになっちゃうのが気になっちゃうんですよね。それはどう考えればいいですか？

意見が1対1で割れているときなど、自分の発言が最後のひと押しになってしまう——つまりその場の意思決定者になってしまうと感じると、たしかに自分の意見は言いづらいですよね。

ただ、実際はたまたま自分の発言が最後だっただけで、発言の重みは均等なはず。みんなの意見で決めているのに、順番のせいで自分の意見が天秤の傾きを決めてしまうように感じるだけなんです。

「最後の意見」ではなく「3分の1の意見」。

そう捉えると、「いじめ」とはならないのではないでしょうか？

たしかに。最初に意見を言うのが自分だったら、きっとそこまで躊躇《ちゅうちょ》しないかも。あと、「どっちがいいと思う？」なんて聞かれ方をしたら、どちらかを選ばなきゃいけない気がしてしまいますが、「どっちもよくない」と答えてもいいし「答えない」でもいいんですよ！　票じゃなくて、あくまでいち意見だし、提案なんですから。

生産的に意見を言い合うためには、**話し合いの前にゴールをはっきりさせるのもポイント**です。「できるだけみんなが満足できる旅行にするためのプランを考える」や、「このプロジェクトを成功させるためのプランを考える」など、何のために意見を求めら

れているのかを確認してみましょう。
なぜこのプロセスが必要かというと、**「あなた」に意見するわけでも、どちらに加担するわけでもないですよ、ただゴールを達成するためのアイデアを表明します**という姿勢を相手に示すことができるからです。

うん、それなら自分の意見を伝えやすいかもなって思えました。……あ、そうだ。はじめに、「みんなの意見をまとめる時間は最後にちゃんと取ろうよ」って提案してみるのもいいかもしれないな。

ナイスアイデアですね！ そのひと言があると、「最後の1票」に頼らない話し合いができそうです。

SNSを見ると、みんな幸せそうで…モヤモヤ

SNSを見ると、キラキラした世界や
素敵な生活に目がくらみそう……。
自分の平凡な生活と比べて、つらくなっちゃう。

SNSを見て、「うわ、いいもの食べてるな〜」「また本出したんだ……」「有名人と仕事してる」って、いろんな角度から「いいな」が止まりません。

現代病というか、SNSあるあるですよね。ところで「いいな」って抽象度の高い言葉なんですが、ユータヌキさんの場合、そこにはどんな意味が込められていますか？

えー？ いちばんは「うらやましい」かなあ。その最上級が、「ズルい」かも……。

では、その「ズルい」に注目してみましょう！

じつは、「ズルい」は「自分もそこにいけるのに」と思っているときに湧いてくる感情です。たとえば野球の大谷翔平《おおたにしょうへい》選手の活躍を見ても、「あんなに野球がうまくて、ちやほやされて、悔しい！ ズルい！」とは思わないでしょう？

「自分も手が届きそう」「自分と同等な人間なのに」と感じ、自分がやりたくてもできないことを相手がやっているときに、「ズルい」と思うわけです。

そう思うのは仕方ないとして、大切なのは、「ズルい」を中心とした「いいな」のエネルギーをどう使うかです。

「自分だって！」と奮起《ふんき》して努力するのもいいですし、SNSは虚像《きょぞう》だと割りきって、あくまで「情報源」として投稿を見るよう意識してもいいでしょう。

僕は……「どうすればああなれるかな？」と前向きに考えられたらいいなあ。

「いいな」と思う相手に近づきたいんですね！

コーチとしての経験上、「うらやましい」「ズルい」と思えるくらいの距離感であれば、きっと手は届きます。**「自分にはできない」は思い込みか、言い訳のことが多い**です。

たとえば、「あの子ばっかりおいしいものを食べていていいな」と思ったとき。

ここで「でも自分はお給料低いし……」とあきらめることもできますが、それは努力や工夫をしたくないだけ。もっと言えば、「そこまで本気じゃないだけ」です。もし本気なら、ほかの出費をおさえて食事に全振りしたり、転職したりと、やりようはあるものですから。

「自分にはできない」に縛られて行動にうつさないうちは、いつまで経っても相手との距離は縮まりません。むしろ、開く一方。そうすると、次第に無力感に囚われてしまうのですが……。

その無力感が大きくなっていくと、どうなるかわかりますか？

あ。悪口を言ったり、誹謗中傷《ひぼうちゅうしょう》したり……？

そのとおり。「うらやましい」相手、「ズルい」対象に石を投げたくなるんですね。**自分が前に進まないのであれば、相手に近づくには「下がってもらう」しかない**からです。

だから大切なのは、「正しく憧れる」ことではないでしょうか。

SNSでキラキラ輝いて見える人も、裏ではものすごい努力をしているかもしれないし、つらい思いをしているかもしれません。努力せずにその投稿ができているわけではない、ということを頭に入れておくといいと思います。もちろん、「そこまで努力したくないから、わたしはこのままでいいや！」も、ひとつの結論ですね。

ただし、大前提として、**SNSとはキラキラしている上澄《うわず》みだけすくって見せる装置**です。逆に言うと、見る人をモヤモヤさせやすい装置。どうして自分はモヤモヤしてしまうんだろうと考えることも大切ですが、そんな装置に出入りする時間を減らすのも意味のある行動だと思います。

「虚像」ですもんね。「よーし、やるぞ！」と思うのもいいけれど、わざわざつらい思いをするくらいなら、いっそ見ないのもアリかもしれないなあ。

たいした個性がない平凡な自分に…イジイジ

さほの社交性ってすごいよね
わたしもそうなりたい
わたしはホトリみたいになりたいよ
なんで⁉
例えば…
何かあったときのために手芸道具とか薬を持ち歩くとことか〜
今日もお店の予約して地図まで送ってくれたし
細かい気遣いできてすごいな〜っていつも思ってるよ
うれしいけど地味というか…
みんな当たり前にやってることじゃないのかな…

周りを見ると、素敵な人ばかり。
何歳になっても自分に自信が持てないまま。
どうして自分には、「コレ」といった個性がないの？

周りの個性豊かな人と比べて、自分はなんて「没個性」なんだろうって思います。

へえ～、そうなんですね！　まずユータヌキさん、自分をどんな性格だと思います？

うーん。調和を重んじる、とか地味な感じ？　あ、そうそう、意見がまとまりそうなときに自分の意見を空気を読まずに言える人って、自分を持っていて個性的だなと思います。服装だって、僕はプレーンな服ばかり着てしまうから、尖《とが》った服装の人はかっこよく見えちゃう。

ユータヌキさん、それってもう十分「個性」ですよ！

個性とは、「その人らしい部分」のことです。つまり、ユータヌキさんが「調和を重んじる」のも、友だちが「自分の意見をビシッと言う」のも、両方とも「個性」の話。

ユータヌキさんは自分の個性についてちゃんと把握して、言語化までしているのに、それでも「個性がない」と言っているわけですね。

それはつまり、**自分の個性を受け入れられていない**ということではないでしょうか？

そこに否定的な気持ちがあるから、「これは個性ではない」と考えてしまう。

世の中の「自分の意見を言えるのはいいこと」「ハイセンスなのはいいこと」といった価値観のせいで、自分の個性を低く見積もってしまっているのだと思います。

個性はあれど価値はないと思ってしまっているのです。

わ～、「個性はあるけど価値はない」、まさにそうだと思います。ズバリすぎます。きっと、自分が考えることもやってることもたいした価値はないし、みんなできるようなことだと思っちゃってるんですよね。そんなことはないのに。

自分の個性を受け止めると、もっと思いどおりに使える道具になってくれます。まずは「ない」に目を向けるクセがあることに気づき、「ある」に目を向けてみましょう。たとえば、自分は友だちグループや会社の中でどんな役割を担っているかとか、貢献しているかとか。

う～ん……（考え込む）。あるかなあ。

ずっと「自分らしさには価値がない」と思っていたのなら、**リハビリ的にフィードバックをもらう**のがおすすめです。「僕の個性は何？」「ほかの人と違うところはどこ？」と、他人から見た自分の個性を知るところからはじめましょう！

(数日後)

フィードバック、もらいました！「気遣《きづか》いがすごい」「ストイック」「人を安心させる雰囲気がある」といろいろ言ってもらえて……うれしかったです。それに自分の行動が人にポジティブな影響を与えていると知って、「あ、これって個性かも」と思えました。

ね？　自分らしさは、他人に見つけてもらったほうがいいでしょう？

大切なのは、フィードバックを素直に受け取ることです。

個性とは、もともと持っているもの。つまり**エネルギーを使わずに発揮されるものだから、自分では気づきにくいし、「いい」と言われても価値を低く見積もってしまうもの**なのです。人間は、自分が努力しているものに高く価値を見積もる傾向がありますから。

人間って思いのほかいいヤツなので、「わたしの個性、教えてくれない？」って頼んだらだいたいいいところを言ってくれるものです。読者の方もぜひ、周りの人に聞いてみてください！

一緒にいたらマイナスなのに別れられなくて…ズルズル

今日も集合時間に「やっぱ友達と遊ぶから〜」ってドタキャンされたし…
会っても ケンカばっかだし…
都合のいい女だと思われてるよ絶対
いい加減に別れたら？心配だよ
ズルズルするのよくないよね電話してくる
どうだった？
来週遊ぶ約束しちゃった

一緒にいる意味がない、もはや好きかもわからない。
でもなぜか別れることができなくて、
ズルズル付き合い続けて時間ばかり過ぎていく。

これは、女性の友人からの相談です。「別れたいと思っているのに、ズルズル付き合い続けてしまう」んだそう。

ほほう、ど真ん中の恋愛相談ですね！

ちなみに、「客観的に見ればダメンズかもしれない」とのこと。「都合のいいときだけ会おうと言ってくる」「遅刻する」「大事にしてくれるわけではない」「でも、会っているときは優しいしおもしろい」。うーん……。

わかっちゃいるけど離れられないんですねえ。

前にも言いましたが、人がモヤモヤしながらもその行動を選び続けてしまうのは「メリットを見出しているから」です（P107）。客観的には「ダメンズ」なんて早く別れてしまえばいいのにと思いますが、彼女は**「別れないこと」**や**「一緒にいること」に自分のメリットを見出している**ということですね。

では、そのメリットとは何か。恋愛の炎が消えかけている段階では、**「好き」という気持ちよりも「役割を担っている」部分にあることが多い**です。

要は、「相手の役に立っている」「相手に必要とされている」といった、存在意義を感じることができるんですね。

だから彼から「会いたい」と言われたとき、つまり必要とされたときに、「やっぱりわたしがいなくちゃ！」と張りきって反応してしまうのです。「ダメンズ」ということなので、手がかかるのかもしれません。「わたしがいなくなったらこの犬は死んじゃうかもしれない」という感覚に近いのではないでしょうか。

犬……！　でもそれって、「わたしがこの会社を辞めたらみんな困っちゃう」と言ってブラック企業を辞められない人と似てませんか？「ここに未来はない」と思いつつ、出社しちゃう。「辞めなよ」と言われても、「でも……」と抵抗しちゃう。

おっしゃるとおりです。自分が幸せになることを優先すればいいのですが、**そこでの自分の影響力を大きめに見積もってしまう**んですね。

「自分がいないと回らない」と思ってしまうけれど、実際は回りますもんね。きっとダメンズの彼も、ひとりで力強く生きていくだろうなあ。

また、「都合のいい」関係になっていると思ったときは、ぜひ一度立ち止まってみてください。「都合のいい」という言葉には文句や不満がにじみ出ていますが、**自分が応じるから、その関係は成立している**と言えます。

なぜなら本来、「都合が合う」というのは、お互いの合意によってつくられる状態だからです。はっきり断れば、その時点で都合は悪くなるはず。

後ろ髪を引かれつつも断ることが、自分で関係性を選ぶ第一歩につながるはずです。

でも、この話を聞いて、「そっか、わたしが断ればいいのか！」って納得できるかなあ。すぐにはむずかしいかもしれませんね。ただ、「わたしはこの人が好きなのではなく、必要とされることに満足してるのかも」「また都合がいいときだけ呼び出された……ってことは、わたし、自分で関係を選べてないのかも」と頭に入れておけば、あるタイミングで「ふっ」と冷静になれるかもしれませんよ。

「別れられない」にはもうひとつ、「愛着を持ってしまって別れられない」というパターンもあります。この場合、**シンプルに「会わない」のがいいでしょう。**

どれだけ気合いの入った遠距離恋愛のカップルも、だんだん情熱が冷めていったりするでしょう？ **人は、しょっちゅう目にするものをポジティブに捉える性質があります。**

その性質を逆に利用して、会う時間を減らして愛着を剥《は》がしていくのも一手ではないでしょうか。

咄嗟《とっさ》に出る言葉がいつも「すみません」で…モヤモヤ

ハンカチ落ちましたよ～
あっすみません
大変でしょお先どうぞ
あっすみません
アメ食べる?
あげる
あっすみません
いつも謝ってばっかり…
なんか悪いことしてる気分…

ちょっと迷惑をかけたとき、優しくしてもらったとき、口から出るのは「すみません」。ネガティブな感じがするけど、なかなか変えられない。

エレベーターに乗るとき、一度閉まりかけたのに中の人が開けてくれた。僕、このとき「ありがとうございます」が言えないんです。咄嗟に「すみません」が出て、「なんだか暗い言葉だな～」って……。
最近、「すみません」を「ありがとう」に言い換えようって動き、ありますよね。でも僕は、そうじゃなくてもいいと思うんですよ。

なぜなら、「言葉は言葉でしかない」からです。
たとえば、「バカ」という言葉。同じ「バカ」でも、いろいろな言い方があるでしょう。本気でバカにしたようにも言えるし、「もう、バーカ」と愛情たっぷりにも言える。言われたほうも、その通りに受け取る。
つまり、**言葉の器の中に、どんな気持ちを入れるかのほうが、ずっと大事**なのです。

そもそもユータヌキさんは、なぜ「ありがとう」と言いたいんですか？

うーん。自分が言われるときは「ありがとう」がうれしいから、かなあ。

では、想像してみてください。優しそうなニコニコ顔のおばあちゃんが、席を譲って

もらって目尻を下げながら「あらまあ、すみませんねえ」と言っていたら？　そこには「ありがとう」を感じるし、十分にうれしい気持ちになりませんか？

言葉の機能なんて、その程度。言葉以外から受け取るもののほうが、はるかに大きいと言えます。

咄嗟に出る言葉が「すみません」であっても、そこに「ありがとう」の気持ちがこもっていたら、それでいいわけか。

そうそう。「すみません」自体が悪いわけじゃないんです。

ただし、「ありがとう」と言いたいと思っているのに、つい「すみません」が出てしまうということは、**恐縮したり下手《したて》に出たりするコミュニケーションのクセがついている**のかもしれません。ポジティブなコミュニケーションを意識するのは、いいことだと思います。

とはいえ、そのクセを直すのは簡単なことではないので、同時に**さまざまな「すみません」の使い手になってみる**のはいかがでしょうか？

言葉は「すみません」のままでも、笑顔を意識してみる。声のトーンで「ありがとう」の気持ちを表現する。暗くならないようなニュアンスを研究してみる。

繰り返しになりますが、伝える手段は言葉だけではありません。表情や声色も存分に活用してみましょう。

なるほど！　それでいうと、すでに無意識にいろいろな言い方を使い分けてるかもしれません。もっと意識してみよっと。あとは……「すみません」と言った後に、「ありがとう」をつけてみようかな。それなら「咄嗟」じゃないからできそうです。

うん、いい折衷案《せっちゅうあん》ですね！　ぜひ試してみてください！

「好きなこと」や「やりたいこと」がわからず…グルグル

街の小さなお店に突撃!!
パンが大好きなので
パン屋をはじめました
街のみなさんを
パンで笑顔に
したいんです
好きなこと
仕事に
できてて
いいな～
あんたも
やりたいこと
やったら
いいじゃない
あれ……
『やりたいこと』
ってなんだろ?
アイドル…
歌手…
モデルには
憧れあるけど
仕事にしたいわけでも
できるわけでもない…
わたしは
何が
やりたくて
生きてるん
だろーー!
考えすぎて
ない…?

自分が好きなこと、やりたいことをしながら
生きていけたらいいんだけど、
そもそも自分の「好き」がわからないかも……?

少し前、あるCMで「好きなことで、生きていく」ってコピーがあったじゃないですか。あれを見たとき、なんだかモヤモヤしたんです。好きなことで生きていけたらめっちゃいいけど、現実的に考えると、好きなことだけで生きていけるかな……って。

「人生そんなに甘くない」ってことですね。でも、じつは作家というちょっと変わったお仕事のユータヌキさんに限らず、多くの人が「暫定《ざんてい》1位」の「やりたいこと」をやっているはずですよ！

えぇーっ、そうですか？ 僕も別に、今の仕事が天職とは思ってないけどなあ。

「やりたいこと」も「好きなこと」も、「絶対的なもの」ではありません。**自分の人生の中の、相対評価で「いちばん」が決まっているだけ**です。

たとえば世の中に、白紙に黒いペンで「あ」と書く仕事しかなかったとしましょう。このとき、仕事の好き嫌いは存在しません。しかし、「い」と書く仕事もあったら、「あ」と「い」で好き嫌いが生まれるでしょう。

さらに「黒い紙に白いペンで書く仕事」、「ラメペンで書く仕事」と仕事が増えていくと、どんどん「どれが好きか」の順番ができていきます。

つまり、「好き嫌い」も「やりたいやりたくない」も、ランキング的なものなのです。

ああ、その感覚はすごくわかります。僕、小さいころからいろいろなスポーツを習ってきたんですが、サッカーより水泳、水泳よりソフトボール、ソフトボールより野球って、「好き」を天秤にかけて選んできました。結果、今も野球がいちばん好きなんです。

つまり、**「やりたい」「好き」を決めるには、比較材料が必要**ということです。いろいろな経験をする必要があるんですね。

「自分の好きってなんだろう?」「もっとやりたいことが見つかるはず」と迷子になる人は、どこかに唯一無二の好きなものが存在していると思っているかもしれません。

でも、よほどの天才でないかぎり、そんなものは存在しない。

いろいろ経験して、比べて、「最高」を選び取っていくことでしか見つけることはできないのです（たとえば職業を決めるときは、過去の経験の中から「何が好きか」だけでなく、「必要な収入」や「プライベートとのバランス」「勤務地」といった要素も含んで選択しているでしょう）。

今あなたが選んでいる人生は、過去の経験を天秤にかけながら選び取ってきたもの。

人生は、「現時点の最高」でできているのです。

僕、思いを伝える手段として漫画がベストだと思ったから、この仕事を選んだんです。

でも、これからいろいろ経験して、伝える手段としてよりよさそうなものを見つけたら、「自己ベストの職業」を更新すればいいってことですね。

そうそう、おっしゃるとおりです！

小むずかしいので覚えなくて構いませんが、「計画された偶《ぐう》発《はっ》性《せい》理《り》論《ろん》」という言葉があります。

キャリアの8割は偶然によって決まるもので、その偶然の出来事にベストを尽くすことで、よりよいキャリアが形成されていく——つまり、たまたま目の前にやってきた仕事に全力で打ち込むことでこそ新しい道は開ける、ということです。

「これは自分のベストじゃない」と不満足な人ほど、道を開く力は強いもの。モヤモヤするのであれば、どん欲に、目の前のことに一生懸命打ち込んでみましょう。

ちなみに、「どん欲」の逆はチベット仏教のお坊さん。彼らが煩悩に囚われないのは、「ただいること」に満足し、自分で自分を満たすことができているからなんですよね。

欲や不満もエネルギーになるってことですね！

気にしすぎな自分が…とにかく気になる！

気にしすぎな人のための本なんだって全部わかる～って感じでさ
へ～
わたし全然わかんないわ
え…？ひとつも？
だってすぐに気持ち切り替えればいいだけじゃん
さ、何食べる？
ポイッ…
PIZZA
わたしもああなれたらもっと毎日楽しめるはずなのに
なんでわたしはこんなに気にしすぎなんだろ…

いろんなことが気になってモヤモヤしたり、落ち込んだり、イラッとしたりしてるの自分だけ？って人生ソンしてる気持ち。

モヤモヤ、イライラ、クヨクヨ、ウジウジ……。ポジティブで天真爛漫、楽天的な人を見ると、人生の中で自分だけつらい時間が長いんだなって落ち込みます。

まあまあ、落ち着いて。そういう捉え方もできるかもしれませんが、「気にしすぎ」って悪いことじゃないですよ。メリットだってあるんですから！

まず、**「気にしすぎ」な人は、圧倒的に思慮深い。**ある出来事に対して、人よりもいろいろな側面から考えたり予測したりする能力があるし、他人のことを深く考えたり慮《おもんぱか》ったりすることが自然とできます。

たとえばいろいろなことが気になる人は、AとBという選択肢や価値観のはざまで葛藤することも多いものですが（そしてその葛藤が物事を前に進ませるのを阻むのですが）、それも思慮深さゆえです。

AとBの価値観それぞれについて想像力や情報を取りに行く力があり、両方のメリットやデメリットをよくわかっているからこそ「葛藤できる」のですから。

問題があるとしたら、**どちらの価値観を大切にするかを決めるのが、人よりやや苦手**だということでしょう。

たしかに、すごく慎重だしなかなか決断できないから、いろんなことをめちゃめちゃ調べます。それは実際役に立つことが多いし、これまでの人生でいい選択につながってきたかも。

ほら、いいところ、あるでしょう？

また、気にしすぎということは、そのことをずっと考え続けるということ。**記憶に残りやすく、学習につながりやすい**とも言えます。気にしすぎる性質が、「あ、このパターンはこうなるはず」と情報を取得するセンサーになり、それを避けるための先回りをする力になっているのです。

ユータヌキさんは、天真爛漫だったりメンタルが強い人をうらやましく思うかもしれませんが、決して、「気にしすぎ」な人が劣っているわけではありません。だって、逆に言えば、楽天的な人は「気にする」のが苦手なわけですから。

思慮深さだったり優しさだったり学習能力だったり……「気にしすぎな人」だから得られる素敵な力もたくさんあるんですよ。

だから自分が生きやすいようにときどき視点を変えつつ、自分の「気にしすぎ」な性質を活かしていけばいいのではないかと思います。

そっか。悩まない人に憧れる気持ちはあるけれど、「気にしすぎ」にもいいところがあるんだな。

そうそう。その前提を持てたら、あとは「スピード」を意識するといいですよ。**モヤモヤしてもいいけれど、それに対して答えを出すまでの時間を意識して短くしてみる。**それが、ユータヌキさんやこの本を読んでいる人が目指すゴールのひとつかもしれません。

なるほど！「気にしすぎな人クラブ」のメンバーって、モヤモヤしやすい人というより、決めるまでに時間がかかっちゃう人ってだけかもしれないなあ。優しくて学習能力が高い……うん、「気にしすぎ」も、あんまり悪いものじゃないのかもしれない。

YUTANUKI'S COLUMN

休むのは悪いことじゃない

休んでる時間が、いちばんしんどい。

休日にSNSを眺めてると、よく感じてたんです。「みんながんばってるのに自分は休んでていいのか……」「仕事してないと置いてかれるんじゃ……」って。

身体《からだ》は休めても心が全然休めてない。連休こわい！有休申し訳ない！なんてときもありました。だから休日でもひとりの時間があると、ふとデスクに座ってメールチェック……。

こんなふうに心がクタクタな日々をどうにかしたくて、パチンコに行ったことがあります。勝ちたいとかそういうのじゃなくて、自分を強制的に仕事のできない状態にしたくて。爆音だし仕事のことなんて考えることもできないし、ある意味、最強の環境です。

そこでふと気づいたんです。ここでパチンコ打ってる人たちみんな、今、休んでるんだなって。

SNSを見てると人のキラキラした部分とか、がんばってる部分ばっかり目についてたけど、休んでる人が投稿してないだけなのかも。道路を見てるとほとんどの車が走ってるように感じるけど、どこかで停まってる車もたくさんあるように。

そう思ってからは、「休み」はみんなに与えられたものだから、後ろめたい気持ちなしで堂々と休んでもいいかって思えるようになりました。なので、最近は友達と**「がんばったアピール」じゃなくて「休んだぜアピール」をする**ようにしています。

「今日は1日中ボーッとYouTube観ながらダラダラしてた！最高でしょ」「いやいや、わたしなんて3食デリバリーしたし！」って。

公認心理師

中山から3つのアドバイス

みなさん、お疲れさまでした！　ここまで「気にしすぎな人」にとってのあるあるシーンを集め、ユータヌキさんと僕とで対話してきました。最後に、このコーナーでは「コレを知っておくだけでちょっとラクになるかも!?」という3つのアドバイスをお伝えしていきます。モヤッとしたとき、もう少しだけ自分を変えたいと思ったときの、ヒントになるかもしれません。

アドバイス 1

自分の感情に「名前」をつけよう

自分の感情に名前をつけることを、**「外在化《がいざいか》」**と言います。……「何それ？」ですよね。

では、大人気アニメ『妖怪ウォッチ』をご存じでしょうか。かなりざっくり説明すると、「妖怪のせいで起こっている世の中の都合の悪い出来事や問題を、主人公ケータが解決していく」という作品です。

たとえば、P60の漫画の場合。この女の子には他人に期待させる妖怪「キタイくん」がイタズラしていて、人に期待してはがっかりするように仕向けています。キタイくんがイタズラしていることは、女の子もお母さんもわかりません。

——こうして「キタイくん」を存在させることが、外在化です。**名前をつけることで、その正体が明らかになる**のです。

今回この本では、イヤというほどモヤモヤ、イライラ、クヨクヨするシーンを集めました。では、モヤモ

ヤを外在化してみると、どうなるか。

そう、これまでのモヤモヤは、すべてモヤールくんのせいだったのです！（真面目に話しています）

モヤールくん、撃退したいですよね。しかしじつは、モヤールくんは悪者ではありません。**あなたを助けるために何かを伝えるのが、彼の仕事**。いったい何を伝えてくれるのかを考えると、その後のヒントになるはずです。

たとえば、僕のモヤールくんは、僕にこんなことを伝えてくれます。

「相手を優先しすぎて、自分を傷つけてしまっているよ！」

「自分の『できない』ばかりに目を向けていない？」

……さあ、あなたのモヤールくんは、何を伝えてくれるためにやって来たのでしょうか？

この考え方は、自分がうまく扱えない感情にも役立ちます。

たとえば、怒り。怒ったりイライラしたりして後悔したとき、「次は怒らないように気をつけよう」と反省しても、気づくと同じことを繰り返してしまうものです。なぜなら、それはオコールくんのしわざだから。オコールくんは、気づくとそばにいるからです。

ではオコールくんは、いったいあなたに何を伝えたいのでしょうか？　なぜ、「感情を荒立ててくれる」のでしょうか？　ぜひ、考えてみてください。

ちなみに僕のオコールくんは、僕が大切にしているものを守るために、怒りの感情を刺激してくれます。「自分の価値観を大切にできているかい？」と、問うてくれるのです。

……とはいえ、妖怪たちの出番があまりに多いのは困りもの。だから僕は、妖怪たちがしばしばやって来るときにはこう言うようにしています。

「ありがとう、君がいてくれて安心だ。けれど、**僕が自分の意志で君を呼ぶまで、遠くで見守っていてほしいんだ**」

あなたもぜひ、キタイくんやオコールくんはじめ、手を焼いてるほかの感情と対話をしてみてください。思いのほか、あなた思いのいい奴らですよ。

うまくイメージできないときは、ピクサー・アニメーション・スタジオの映画『インサイド・ヘッド』をまず観るのがおすすめです。感情たちが自分の中でわちゃわちゃと騒ぐ様子が、よくわかると思います。

アドバイス 2

問題さがしはやめて、「解決さがし」をしよう

突然ですが、ここで簡単なゲームをしましょう。次の指令を実践してみてください。

「ピンクの象を想像しないでください」

……どうでしょう？　しっかりピンクの象を想像してしまったのではないでしょうか。

じつは、**脳は「〜しない（否定形）」を認識することができません**。「ピンクの象を想像」という言葉だけを拾って、その後の「しないでください」はさっぱり聞いていないというわけですね。

僕たちは物事をうまくいかせたいとき、ついつい「問題を起こさないように」と考えます。起こりうる問題を考えて、対策をねろうとする。

ですがこれ、「ピンクの象」のように、問題が起きることを想像してしまっている、ということでもあるのです。問題を起こさないようにすると、その問題が頭から離れなくなる。

つまり、**落ち込みがちな人や、ぐるぐると同じことを考えてしまう人は、問題さがしが得意**と言えるわけですね。

そこでおすすめなのが、**問題が解決された状況をさぐること**です。

「問題を起こさないためにどうすればいいかを考える」のと「問題が解決された状況を考える」のは、似

ているけれどまったく違うアクションです。だから問題が起きる原因や理由をいくらさぐっても、解決につながることは少ない。

そんなワナにハマら「ない」ために……おっと、否定形になってしまいました！「より早く解決する」ためにも、「解決さがし」をしてみましょう。

「解決さがし」は、こんな質問からはじまります。

「解決されているとしたら、それはどんな状況？」

「そのためには、何ができていたらよさそう？」

この質問、慣れてないと答えるのがむずかしいかもしれません。なぜかというと、問題さがしは過去に起こったことを思い出して分析するけれど、「解決さがし」は未来を描く力が必要だからです。

でも、未来を描けたら、そこには現在の状況とのギャップが生じます。その差を埋めるために何をすればいいかは、案外簡単にわかるはずです。

どうしても「解決された状況」が想像できない……というときには、以下のステップをお試しください。

❶ まずは身の回りにある「○○しない」を見つけてみる

（夜更かししない）

❷ 「○○しない」を「△△する」に書き換える

（夜更かししない→22時に寝る）

ぜひ「解決さがし」のクセを身につけてみてください。そして、ぐるぐる思考から抜け出しましょう！

アドバイス

3

EQという「人付き合いの力」を知ろう

本書でもPART1で取り上げましたが、「他人との関係」は人の悩みの大部分を占めます。「人間関係をつくる力なんて、性格やセンスみたいなもの。生まれつきの能力でしょ？」。そう思う人も多いかもしれませんが、そんなことはありません。

じつは、僕も以前は人間関係に自信があるほうではありませんでした。素直な感情表現は得意ではないし、とくに好き嫌いなんて絶対に口にできないタイプ。でも、最近はだいぶ変わってきました。**「感情知性」と言われるEQ**を育て、人付き合いの能力を伸ばすことができたからです。

ここでは、「EQ」という考え方を生み出したピーター・サロベイ博士による、5つのポイントをご紹介しましょう。この5つを意識して過ごすことで、EQを伸ばすことができる、かもしれません。

1 自分自身の情動を知る

自分の気持ちをきちんと認識することです。「うれしい」「悲しい」「怒り」といった感情はもちろん、「信頼」「不安」「嫌悪」「期待」も自分の気持ちです。まずは1日ひとつ、**その日の出来事と気持ちをセットで記録してみてください**。しばらく続けると、自分のクセが見えてくるはず。まずは**自分がどんな気持ちになりやすいかを「知る」だけでOK!**

2 感情を制御する

「怒るのを我慢する」のではなく、手にしたい結果を手に入れるために「感情を選択する」——**どの感情で表現するかを決めること**です。俳優さんは演技するとき、描きたい感情を選んで表現しますよね? みなさんも同じです。まずはそのコミュニケーションを経て「こうなったらいいな」という結果を確認し、それを達成できる感情(怒り・喜びなど)を考えてみましょう!

3 自分を動機づける

目的を達成するために自分を奮い立たせることです。ここで意識したいのは、「楽観性」。楽観性とは、「失敗してもやり方を変えれば何とかなる」と希望を持ち続ける力、粘り強さでもあります。**楽観性を伸ばしたい方は、まずは「いつもと違う選択」をしてみましょう!** うまくいかないとき、ほかの方法を探すクセをつけるのです。

4 他人の感情を認識する

いわゆる「共感力」です。共感というと「わかるわかる！」というリアクションを思い浮かべるかもしれませんが、あれは「同感」。**共感には、自分の体験は必要ありません**。相手の体験をなぞって「相手の感情をまねる」ことであり、❶の力で感情を感じ取ることなのです。まずは、**相手の話に自分の体験を重ねようとしていないかチェック！**（ついやりがちなんです）

5 人間関係をうまく処理する

「相手の感情に振り回されずに受け止めること」です。ハーバード大学の研究で、人間関係が良好であることは幸せの条件のひとつに挙げられています。その中でも、相手の感情をうまく受け止めることが大切。「受け止める」は、相手に「わかったよ」と伝えることでも、状況を正しく理解することでもありません。**「受け止めてもらえた」と感じてもらうこと**なのです。ジャッジも分析もせず、ただ「目の前のこの人は、こう思っているんだな」とまっすぐ捉えてみましょう。

この5つのポイントを意識することで、自分の感情をコントロールしやすくなるうえに、相手の気持ちにも寄り添えるようになります。EQを育てることで、結果的に「いいコミュニケーション」が取れるようになるのです。

おわりのごあいさつ

この本に集まってくれた「気にしすぎな人クラブ」のみなさん。
ここまで読んでくれて、ほんとうにありがとうございます。

じつは僕自身、あんまり読書家じゃないんです。一文ずつちゃんと理解しないと先に進めないから、一冊読みきるのにうんと時間がかかっちゃう。

でもコーチングを受けてみて、「これを解説してくれる、僕みたいな『気にしすぎ』仲間に手渡せるような本があればいいのにな〜」と思ったけれど見あたらなかったので……自分でつくってみました。

自分のことを好きになりきれなかったり、心が疲れがちだったり。
そんな人がこれからの人生、少しでもラクに、ポジティブに生きられるヒントをひとつでもお伝えできたらなって。
もしそれが実現できたのなら、ほんとうにうれしいです。

この本では、中山さんと僕のおしゃべりの様子を文章にしてみました。本づくりのためとはいえ、ああだこうだと言葉を交わしたり、ウダウダしたり、ツッコまれたりする時間は、まさに「雑談」でした。

僕、中山さんのコーチングを受けるようになって、**「雑談」の大切さ**が身に染みるようになったんです。

コロナ禍になってダラダラ話す時間が減っていたけれど、日々感じる小さなモヤモヤって、このダラダラ話の中で浄化されてたのかも……って。

雑談がなくなると行き場のない感情がたまっていくし、ネガティブな感情は自分の中で一生ぐるぐる回っていく。

そんな**「感情便秘」**を解消するために「雑談会」を開いたり、意識的に雑談の時間を持ったりするようになって、不思議なほど心が元気になっていきました。

だれかと話して、感情を言葉にして流すって、すごく大事。ぜひみなさんも友だちや「気にしすぎ仲間」を誘って、雑談タイムを持ってみてください。

ちなみに、誰かを誘うのはものすごく気を遣うことですが、僕は最近、**相手の都合を聞くのは「家のインターホンを押すようなもの」**と考えるようにしています。

相手がイヤなら断ってもらえばいい。居留守の日があっても大丈夫。みんなそれぞれ都合があるんだな〜と考えるようになって、少しだけ気がラクになりました。

……こんなふうに、ネガティブな気持ちや一歩踏み出せない自分をコントロールできるようになったのは、この本で中山さんが導いてくれたように、**モヤモヤした感情の正体を知ったことで、視点や考え方のクセを変えてみようって意識が持てたから**じゃないかな？と思います。

これからの自分の変化も、ちょっぴり楽しみです。

「気にしすぎな人クラブ」を卒業できそうな人も、もう少しここにいたいって人も。自分のペースで、少しずつラクに生きていけるよう、自分の気持ちを大切にしましょうね。

無理せず、お元気で！

2023年2月

吉本ユータヌキ

参考文献

唐澤真弓 平林秀美「思いやりの文化的基盤─就学前教育にみる他者理解の比較文化的研究─」2013

Sandro Sperandei, Marcelo C. Vieira, Arianne C. Reis「Adherence to physical activity in an unsupervised setting: Explanatory variables for high attrition rates among fitness center members」2016

Albert Mehrabian『Nonverbal Communication』Routledge

ダニエル・ゴールマン『EQこころの知能指数』土屋京子訳　講談社

安藤俊介『アンガーマネジメント入門』朝日新聞出版

アン・ディクソン『それでも話し始めよう　アサーティブネスに学ぶ対等なコミュニケーション』アサーティブジャパン監訳　クレイン

村中直人『〈叱る依存〉がとまらない』紀伊國屋書店

エイミー・C・エドモンドソン『チームが機能するとはどういうことか　「学習力」と「実行力」を高める実践アプローチ』野津智子訳　英治出版

スティーブン・R・コヴィー『完訳　7つの習慣　人格主義の回復』フランクリン・コヴィー・ジャパン訳　キングベアー出版

BJ・フォッグ『習慣超大全　スタンフォード行動デザイン研究所の自分を変える方法』須川綾子訳　ダイヤモンド社

PUBLIC RELATIONS OFFICE「絵文字（emoji）はどのように生まれ、世界に広がったのか？」https://www.gov-online.go.jp/eng/publicity/book/hlj/html/201808/201808_12_jp.html

前野隆司　みんチャレブログ「習慣化するまでの期間は1〜6ヶ月！3つの段階を乗り越える方法」https://minchalle.com/blog/necessaryperiods-for_habits

玉村治　Wedge ONLINE「脳科学となでしこジャパン」 https://wedge.ismedia.jp/articles/-/3393

【著者】

吉本ユータヌキ・作家

1986年大阪生まれ、大阪育ち。18歳から8年間活動していたバンドが解散し、サラリーマンとして安定を目指して歩み直した矢先に子どもが誕生。子どもの成長を残すために描きはじめた漫画『おもち日和』が集英社のWeb漫画サイトで連載となり、後に出版デビュー。
2019年に会社員を辞めて滋賀県へ移住し、漫画に専念するようになるも、変化と多忙のためメンタルのバランスを崩し、「漫画家やめたい」と人生最大の落ち込み期に。そんなときにコーチングと出会い、雑談を繰り返すうちに、「他人の期待に応えるために漫画を描くことに苦しみを感じていた」と気づく。1年かけて「自分が描きたいことを描く」へと少しずつ変化し、楽しく漫画が描けるようになる。その後、自身もコーチングを学び、現在は自分のように「気にしすぎな人」が少しでも気楽に生きられるヒントになる本をつくりたいと思っている。

【監修】

中山陽平・プロコーチ、公認心理師

1985年生まれ。地元の病院に理学療法士として入職後、家業の福祉会社に入職。31歳で社長就任後、自分の思うように人を動かそうとしてうまくいかず、メンタルのバランスを崩す。社員の優しい声がけに救われた経験から人間関係に興味を持ち、コーチングに出会う。学びの中で、人は適切な支援があれば自分で答えを出し、進んでいく力を持てると確信する。社内外で実践を広げ、コーチングの実施時間は1000時間超。社内では管理職と「おさんぽ1on1」を実施し、社外では経営者、個人事業主、会社員、高校生まで幅広くコーチングを提供。また、EQの検査ライセンスも取得。感情豊かに働ける人を増やすため、法人や個人にEQコーチングも提供している。2021年、吉本ユータヌキと出会い、定期のセッションを提案。それを機に、「かばのひと」として漫画に登場するようになる。

「気にしすぎな人クラブ」へようこそ
僕の心を軽くしてくれた40の考え方

発行　2023年2月23日　初版 第1刷発行

著者　吉本ユータヌキ
発行人　細野義朗
発行所　株式会社SDP
〒150-0022 東京都渋谷区恵比寿南1-9-6
TEL 03-5724-3975（第一編集部）03-5724-3963（営業部）
ホームページ http://www.stardustpictures.co.jp

デザイン　岩永香穂（MOAI）
DTP　株式会社スマートゲート
校正　鷗来堂
執筆・編集協力　田中裕子（batons）
協力　株式会社コルク
編集　阿部優梨香　海保有香（SDP）
営業　川﨑篤　武知秀典（SDP）
宣伝　藤井愛子　渡辺実莉　小関歩希（SDP）
印刷製本　凸版印刷株式会社

ISBN978-4-910528-27-4